Impressum
Verlag: BABADADA GmbH, Nedderfeld 112 , 22529 Hamburg
Geschäftsführer / Verlagsleitung: Harald Hof
Druck: Books on Demand GmbH, In de Tarpen 42, 22848 Norderstedt

Imprint
Publisher: BABADADA GmbH, Nedderfeld 112 , 22529 Hamburg, Germany
Managing Director / Publishing direction: Harald Hof
Print: Books on Demand GmbH, In de Tarpen 42, 22848 Norderstedt

ትምህርት ቤት

σχολείο

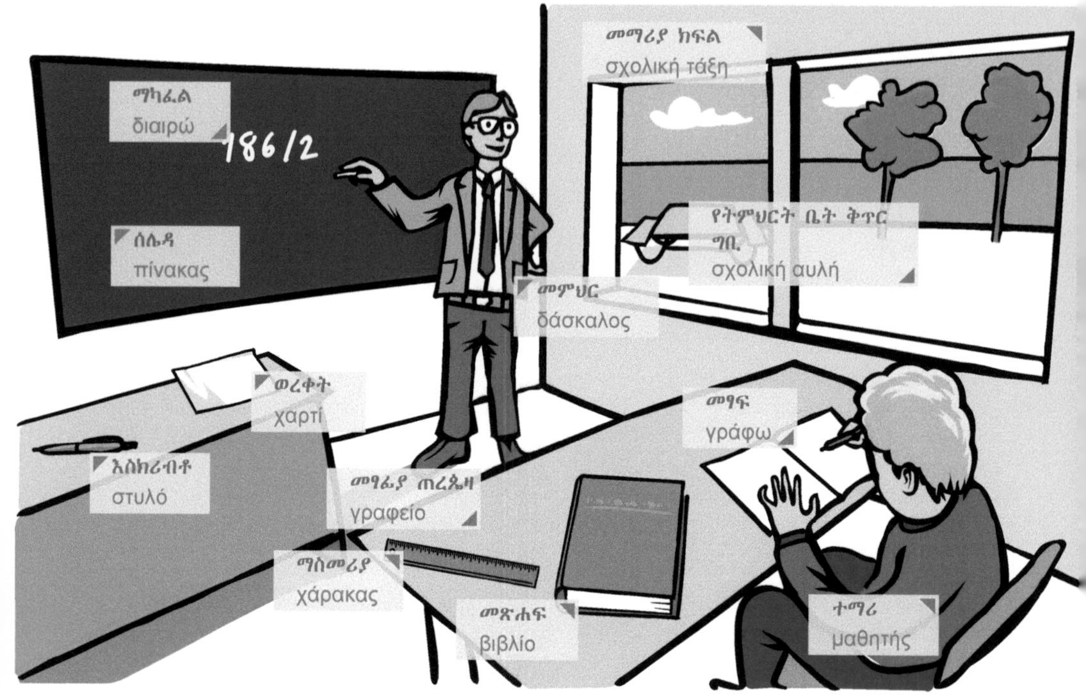

መማሪያ ክፍል
σχολική τάξη
ማካፈል
διαιρώ
186/2
ሰሌዳ
πίνακας
የትምህርት ቤት ቅጥር ግቢ
σχολική αυλή
መምህር
δάσκαλος
ወረቀት
χαρτί
መፃፍ
γράφω
እስክሪብቶ
στυλό
መፃፊያ ጠረጴዛ
γραφείο
ማስመሪያ
χάρακας
መጽሐፍ
βιβλίο
ተማሪ
μαθητής

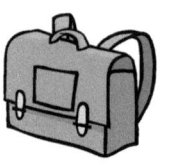

የጀርባ ቦርሳ

σχολική τσάντα

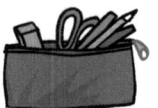

የእርሳስ መያዣ

κασετίνα/ μολυβοθήκη

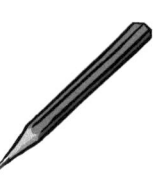

እርሳስ

μολύβι

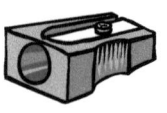

የእርሳስ መቅረጫ

ξύστρα

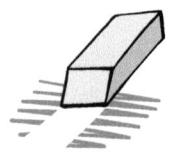

ላጲስ

γόμα

የስዕል ደብተር

μπλοκ ζωγραφικής

ስዕል
ζωγραφική

የቀለም ብሩሽ
πινέλο

የቀለም ሳጥን
κουτί χρωμάτων

መቀስ
ψαλίδι

ማጣበቂያ
κόλλα

መልመጃ ደብተር
τετράδιο ασκήσεων

የቤት ስራ
εργασία για το σπίτι

12

ቁጥር
αριθμός

2+2

መደመር
προσθέτω

5-2

መቀነስ
αφαιρώ

2×2

ማባዛት
πολλαπλασιάζω

ቁጥሮችን ማስላት
υπολογίζω

A

ደብዳቤ
γράμμα

ABCDEFG HIJKLMN OPQRSTU VWXYZ

ፊደላት
αλφάβητο

hello

ቃል
λέξη

ዕሑፍ
....
κείμενο

ማንበብ
....
διαβάζω

ጠመኔ
....
κιμωλία

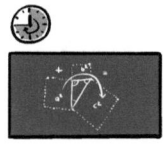

ትምህርት
....
μάθημα

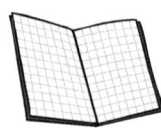

ምዝገባ
....
εγγράφομαι

ፈተና
....
τεστ

ሰርተፊኬት
....
πιστοποιητικό

የትምህርት ቤት የደንብ ልብስ
....
μαθητική στολή

ትምህርት
....
εκπαίδευση

አዉደ ጥበብ
....
εγκυκλοπαίδεια

ዩኒቨርስቲ
....
πανεπιστήμιο

የምርምር አጉሊ መሳርያ
....
μικροσκόπιο

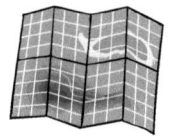

ካርታ
....
χάρτης

የቆሻሻ ወረቀት መጣያ ቅርጫት
....
καλάθι αχρήστων

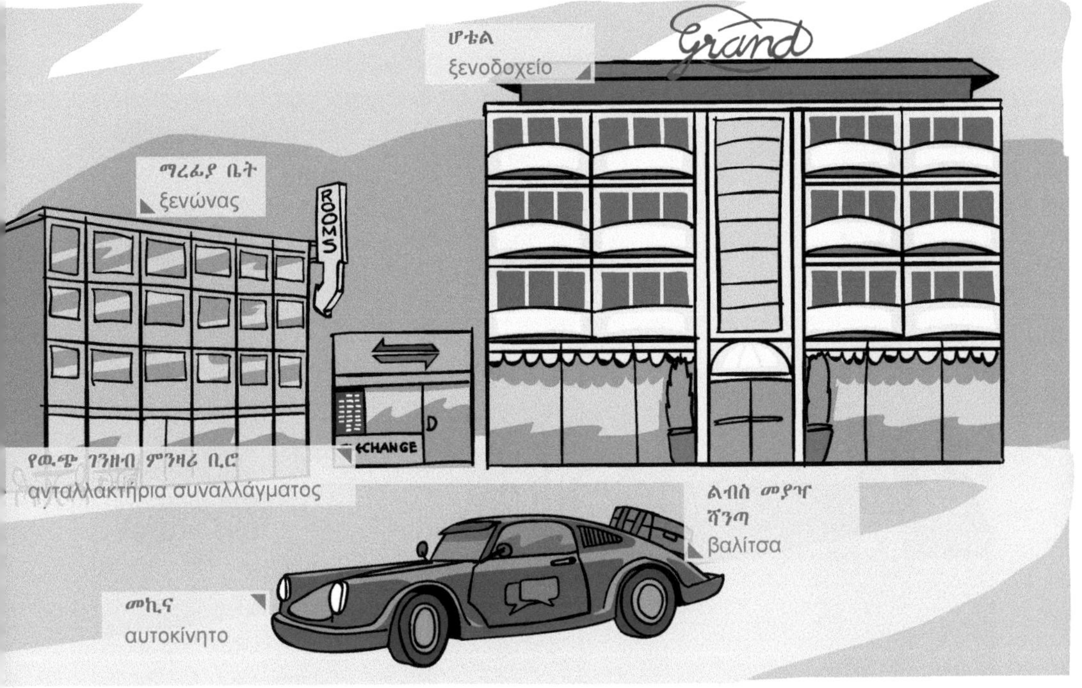

ሆቴል
ξενοδοχείο
Grand
ማረፊያ ቤት
ξενώνας
ROOMS
CHANGE
የዉጭ ገንዘብ ምንዛሪ ቢሮ
ανταλλακτήρια συναλλάγματος
ልብስ መያዣ
ሻንጣ
βαλίτσα
መኪና
αυτοκίνητο

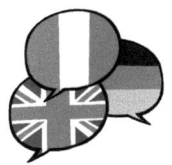

ቋንቋ

γλώσσα

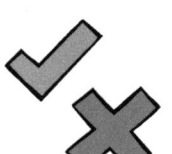

አዎ/ አይደለም

ναι / όχι

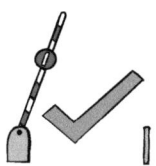

እሺ

εντάξει

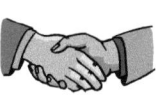

ሰላም

γεια σου

አስተርጓሚ

μεταφραστής

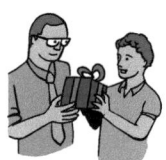

አመሰግናለሁ

Ευχαριστώ

ስንት ነዉ.......?

πόσο κάνει ;

አልገባኝም

Δε καταλαβαίνω

እክል

πρόβλημα

እንደምን አመሹ!

Καλησπέρα!

እንደምን አደሩ!

Καλημέρα!

መልካም ምሽት!

Καληνύχτα!

ደህና ይሰንብቱ

Αντίο

አቅጣጫ

κατεύθυνση

ሻንጣ

αποσκευές

ቦርሳ

τσάντα

የጀርባ ቦርሳ

σακίδιο πλάτης

እንግዳ

καλεσμένος

ክፍል

δωμάτιο

የመተኛ ቦርሳ

υπνόσακος

ድንኳን

σκηνή

የጎብኚዎች መረጃ
τουριστικές πληροφορίες

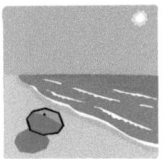

የባህር ዳርቻ
παραλία

ክሬዲት ካርድ
πιστωτική κάρτα

ቁርስ
πρωινό

ምሳ
μεσημεριανό

እራት
δείπνο

ቲኬት
εισιτήριο

አሳንሰር
ανελκυστήρας

ማህተም
γραμματόσημο

ድንበር
σύνορα

ባህሎች
τελωνείο

ኤምባሲ
πρεσβεία

ቪዛ/የይለፍ ወረቀት
βίζα

ፓስፖርት
διαβατήριο

መጓጓዣ

μεταφορά

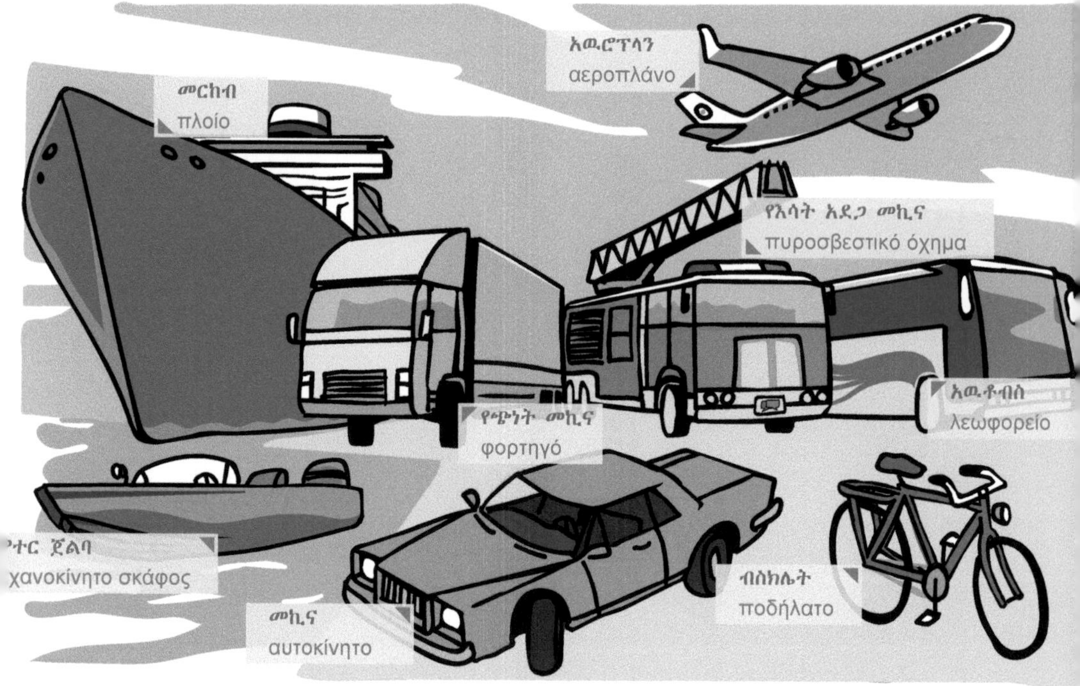
አዉሮፕላን
αεροπλάνο
መርከብ
πλοίο
የእሳት አደጋ መኪና
πυροσβεστικό όχημα
አዉቶብስ
λεωφορείο
የጭነት መኪና
φορτηγό
ተር ጀልባ
χανοκίνητο σκάφος
መኪና
αυτοκίνητο
ብስክሌት
ποδήλατο

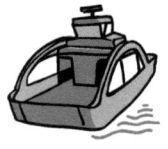

የማመላለሻ ጀልባ

φεριμπότ

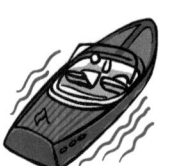

ጀልባ

βάρκα

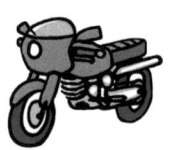

የሞተር ብስክሌት

μοτοσικλέτα

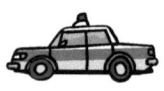

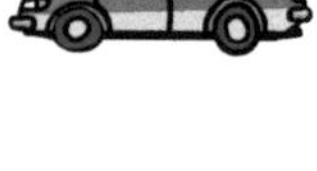

የፖሊስ መኪና

περιπολικό

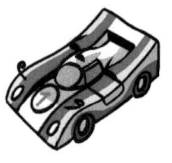

የዉድድር መኪና

αγωνιστικό αυτοκίνητο

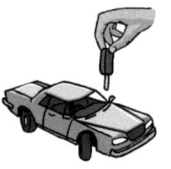

የኪራይ መኪና

ενοικιαζόμενο αυτοκίνητο

የመኪና መጋራት

διαμοιρασμός αυτοκινήτων

ጎታች መኪና

γερανός

የቆሻሻ ጭነት መኪና

απορριμματοφόρο

ሞተር

κινητήρας

ነዳጅ

καύσιμο

የቤንዚን ማደያ

βενζινάδικο

የመንገድ ምልክት

πινακίδα σήμανσης

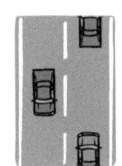

የመኪዎች እንቅስቃሴ

κυκλοφορία

የመኪና መጨናነቅ

κυκλοφοριακή συμφόρηση

የመኪና ማቆሚያ

χώρος στάθμευσης

የባቡር ጣቢያ

σιδηροδρομικός σταθμός

የባቡር ሀዲዶች

σιδηροδρομικές γραμμές

ባቡር

τρένο

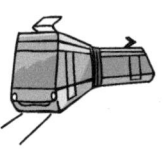

የኤሌክትሪክ ባቡር

τραμ

ሰረገላ

βαγόνι

ሄሊኮፕተር
ελικόπτερο

አየር ማረፊያ
αεροδρόμιο

ማማ
πύργος

መንገደኛ
επιβάτης

ማስቀመጫ፤ ማጠራቀሚያ
εμπορευματοκιβώτιο

ካርቶን እቃ ማሸጊያ
χαρτοκιβώτιο

ጋሪ፤ ተሳቢ
καρότσι

ቅርጫት
καλάθι

መነሳት/ ማረፍ
απογειώνομαι /
προσγειόνομαι

ከተማ

πόλη

መንደር
χωριό

የከተማ ማዕከል
κέντρο της πόλης

ቤት
σπίτι

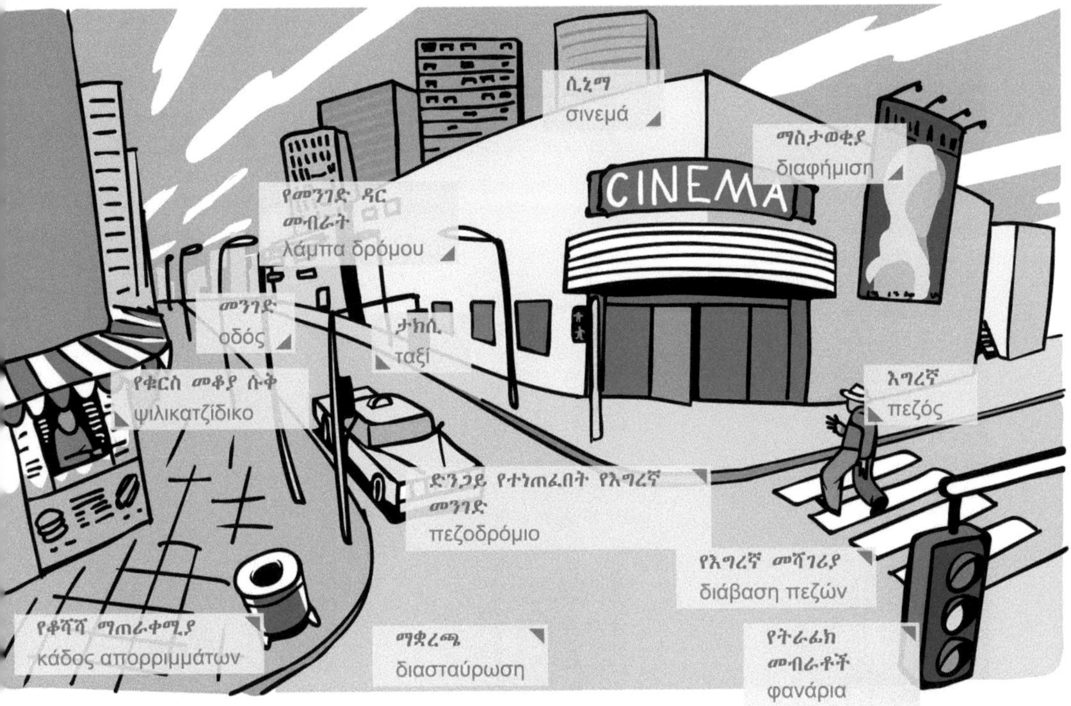

ሲኒማ
σινεμά
CINEMA
ማስታወቂያ
διαφήμιση
የመንገድ ዳር መብራት
λάμπα δρόμου
መንገድ
οδός
ታክሲ
ταξί
የቁርስ መቆያ ሱቅ
ψιλικατζίδικο
እግረኛ
πεζός
ድንጋይ የተነጠፈበት የእግረኛ መንገድ
πεζοδρόμιο
የእግረኛ መሻገሪያ
διάβαση πεζών
የቆሻሻ ማጠራቀሚያ
κάδος απορριμμάτων
ማቋረጫ
διασταύρωση
የትራፊክ መብራቶች
φανάρια

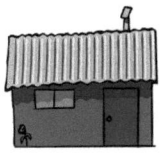

ጎጆ

καλύβα

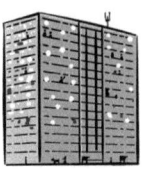

አፓርታማ

διαμέρισμα

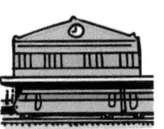

የባቡር ጣቢያ

σιδηροδρομικός σταθμός

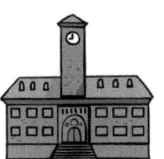

የከተማ አዳራሽ

δημαρχείο

MUSEUM

ቤተ መዘክር

μουσείο

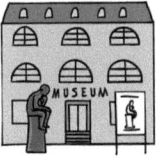

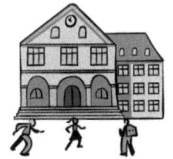

ትምህርት ቤት

σχολείο

ዩኒቨርስቲ
πανεπιστήμιο

ባንክ
τράπεζα

ሆስፒታል
νοσοκομείο

ሆቴል
ξενοδοχείο

መድሓኒት ቤት
φαρμακείο

ቢሮ
γραφείο

መፅሓፍ መሸጫ
βιβλιοπωλείο

ሱቅ
κατάστημα

የአበባ መሸጫ
ανθοπωλείο

የሽቀጣ ሽቀጥ መደብር
σούπερ μάρκετ

ገበያ ስፍራ
αγορά

መደብር
πολυκατάστημα

የዓሳ ነጋዴ
ιχθυοπωλείο

የገበያ ማዕከል
εμπορικό κέντρο

ወደብ
λιμάνι

መናፈሻ ቦታ
πάρκο

አግዳሚ ወንበር
παγκάκι

ድልድይ
γέφυρα

ደረጃዎች
σκάλες

ዉስጥ ለዉስጥ
μετρό

ዋሻ
τούνελ

የአዉቶቡስ ፌርማታ
στάση λεωφορείου

ባር
μπαρ

ምግብ ቤት
εστιατόριο

የፖስታ ሳጥን
γραμματοκιβώτιο

የመንገድ ምልክት
πινακίδα δρόμου

የመኪና ማቆሚያ ሒሳብ የሚያሳሳ ማሽን
παρκόμετρο

የደር እንስሳት ማቆያ
ζωολογικός κήπος

የመዋኛ ገንዳ
πισίνα

መስጊድ
τζαμί

ርሻ
αγρόκτημα

የሚበክል ነገር
ρύπανση

መቃብር ስፍራ
νεκροταφείο

ቤተ ክርስቲያን
εκκλησία

መጫወቻ ሜዳ
παιδική χαρά

ቤተ መቅደስ
ναός

መልክዓምድር

ΤΟΠΊΟ

ቅጠል
φύλλο

የመንገድ ላይ ምልክት
πινακίδα κατεύθυνσης

መንገድ
δρόμος

አረንጓዴ መስክ
λιβάδι

ድንጋይ
πέτρα

ዛፍ
δέντρο

በ ግር የሚንን
πεζοπόρος

ወንዝ
ποτάμι

ሳር
χορτάρι

አበባ
λουλούδι

ሸለቆ

κοιλάδα

ኮረብታ

λόφος

ሀይቅ

λίμνη

ጫካ

δάσος

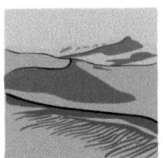

በረሃ

έρημος

እሳተ ገሞራ

ηφαίστειο

ግምብ

κάστρο

ቀስተ ዳመና

ουράνιο τόξο

እንጉዳይ

μανιτάρι

የቴምር ዛፍ/ ዘንባባ

φοίνικας

ቢንቢ/ የወባ ትንኝ

κουνούπι

በራሪ

μύγα

ጉንዳን

μυρμήγκι

ንብ

μέλισσα

ሸረሪት

αράχνη

ጢንዚዛ

σκαθάρι

እንቁራሪት

βάτραχος

ሽኮኮ

σκίουρος

ጃርት

σκαντζόχοιρος

ጥንቸል

λαγός

ጉጉት ወፍ

κουκουβάγια

ወፍ

πουλί

የዉሃ ዶክዬ

κύκνος

ክርክሮ

αγριογούρουνο

አጋዘን

ελάφι

አጋዘን

άλκη

ግድብ

φράγμα

በነፋስ የሚሽከረከር

ανεμογεννήτρια

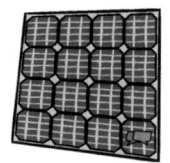

የፀሀይ ፓኔሎ

ηλιακός συλλέκτης

አየር ንብረት

κλίμα

ምግብ ቤት

εστιατόριο

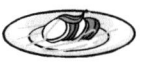

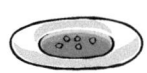

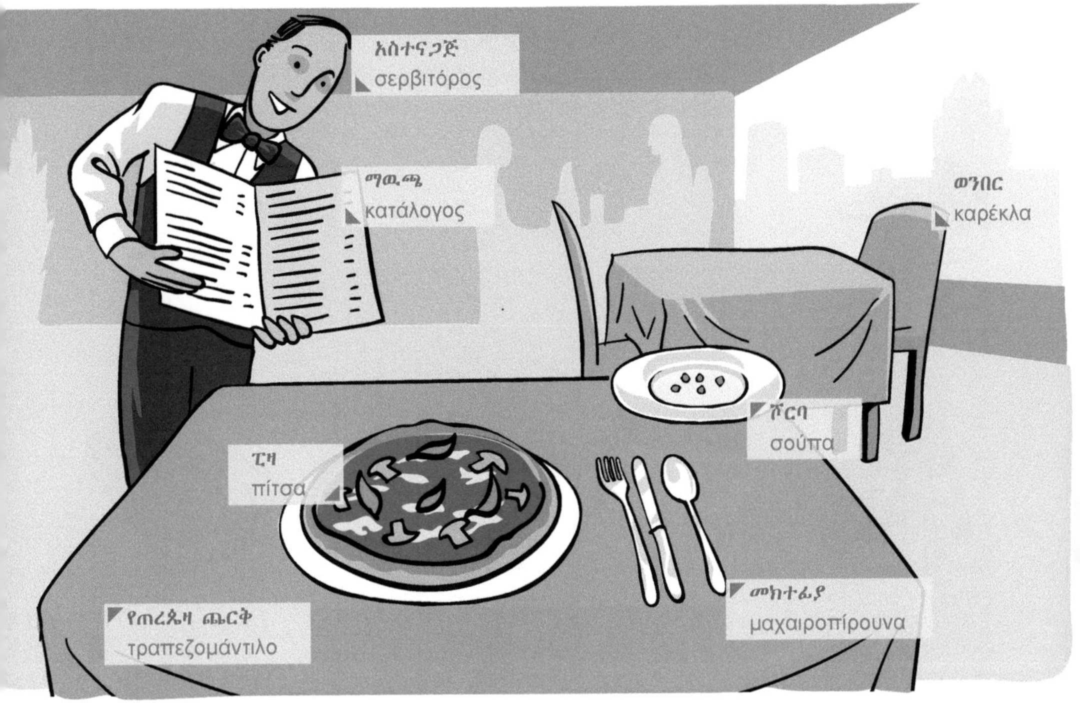

አስተናጋጅ
σερβιτόρος
ማዉጫ
κατάλογος
ወንበር
καρέκλα
ሾርባ
σούπα
ፒዛ
πίτσα
የጠረጴዛ ጨርቅ
τραπεζομάντιλο
መክተፊያ
μαχαιροπίρουνα

የምግብ ፍላጎትን የሚከፍት ምግብ

ορεκτικό

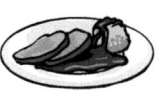

ዋና ምግብ

κύριο πιάτο

ማጣጣሚያ ተከታይ ምግብ

επιδόρπιο

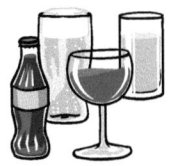

መጠጦች

ποτά

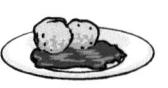

ምግብ

φαγητό

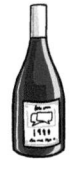

ጠርሙስ

μπουκάλι

ፈጣን ምግብ

φαστ φουντ

የመንገድ ምግብ

φαγητό στ' όρθιο

የሻይ ማንቆርቆሪያ

τσαγιέρα

የስኳር እቃ

δοχείο ζάχαρης

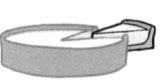

ድርሻ

μερίδα

የቡና ማፍያ ማሽን

μηχανή εσπρέσο

ባለጌ ወንበር

ψηλή καρέκλα

የክፍያ ደረሰኝ

λογαριασμός

ትሪ

δίσκος

ቢላዋ

μαχαίρι

ሹካ

πιρούνι

ማንኪያ

κουτάλι

የሻይ ማንኪያ

κουταλάκι του τσαγιού

ልብስ ምግብ እንዳይነካ የሚረዳ ጨርቅ

πετσέτα φαγητού

ብርጭቆ

ποτήρι

ምግብ ቤት - εστιατόριο

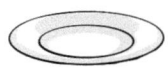

ዝርግ ሰህን

πιάτο

የሾርባ ጎድጓዳ ሰህን

πιάτο σούπας

የስኒ ማስቀመጫ

πιατάκι φλιτζανιού

ማጣፈጫ ስጎ

σάλτσα

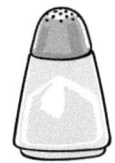

የጨዉ እቃ

αλατιέρα

የተፈጨ ቃሪያ

μύλος για πιπέρι

ኮምጣጤ

ξύδι

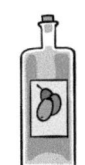

የምግብ ዘይት

λάδι

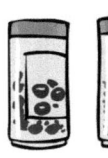

ቀመማ ቅመሞች

μπαχαρικά

የቲማቲም ድልህ

κέτσαπ

ሰናፍጭ

μουστάρδα

ማዮኔዝ

μαγιονέζα

የሸቀጣ ሸቀጥ መደብር

σούπερ μάρκετ

ልዩ አቅራቦት
προσφορά
FOR
ደምበኛ
πελάτης
የወተት ተዋፅዖ
γαλακτοκομικά προϊόντα
ፍራፍሬ
φρούτα
ባለ ጎማ የእጅ ጋሪ
καρότσι για ψώνια

BUTCHERS

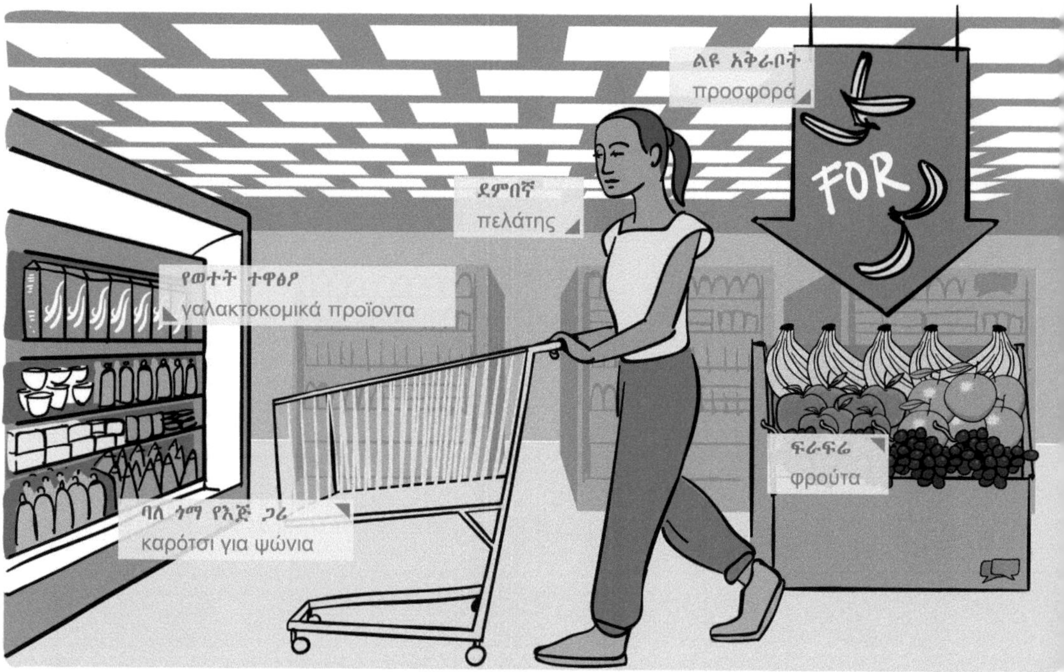

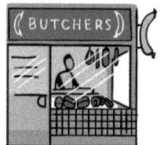

ሉካንዳ ነጋዴ

κρεοπωλείο

BAKERY

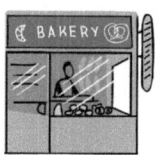

መጋገርያ

φούρνος

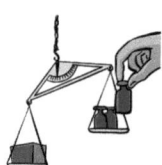

ክብደት መመዘን

ζυγίζω

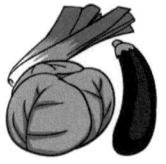

ቅጠላ ቅጠል አትክልት

λαχανικά

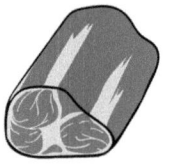

ስጋ

κρέας

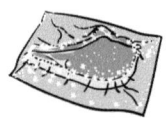

የቀዘቀዘ/የረጋ ምግብ

κατεψυγμένα τρόφιμα

ቀዝቃዛ ቁራጭ
αλλαντικά

የታሸገ ምግብ
κονσερβοποιημένη τροφή

የማጠቢያ ዱቄት
απορρυπαντικό ρούχων

ጣፋጮች
γλυκά

የቤት ዕስጥ ዕቃቶች
οικιακά είδη

የፅዳት ምርቶች
καθαριστικά προϊόντα

የሽያጭ ባለሙያ
πωλήτρια

የገንዘብ መመዝቢያ ማሽን
ταμείο

የሒሳብ ሰራተኛ
ταμίας

የግዢ ዝርዝር
λίστα για ψώνια

ክፍት ሰዓታት
ωράριο λειτουργίας

የኪስ ቦርሳ
πορτοφόλι

ክሬዲት ካርድ
πιστωτική κάρτα

ቦርሳ
τσάντα

የፕላስቲክ ቦርሳ
πλαστική σακούλα

ዉሃ

νερό

ጭማቂ

χυμός

ወተት

γάλα

ኮካ-ኮላ

κόκα κόλα

ወይን

κρασί

ቢራ

μπίρα

አልኮል

αλκοόλ

ኮካ

κακάο

ሻይ

τσάι

ቡና

καφές

የተፈላ ቡና

εσπρέσο

ካፑቺኖ

καπουτσίνο

መዝ

μπανάνα

ፖም

μήλο

ብርቱካን

πορτοκάλι

ሀብሀብ

πεπόνι

ሎሚ

λεμόνι

ካሮት

καρότο

ነጭ ሽንኩርት

σκόρδο

ሸምበቆ

μπαμπού

ቀይ ሽንኩርት

κρεμμύδι

እንጉዳይ

μανιτάρι

ለዉዝ

ξηροί καρποί

የህፃናት ምግብ

νουντλς

ፓስታ

μακαρόνια

ሩዝ

ρύζι

ሰላጣ

σαλάτα

የድንች ጥብስ

πατατάκια

ድንች ጥብስ

τηγανητές πατάτες

ፒዛ

πίτσα

ዳቦ ዉስጥ በስሱ ተጠብሶ የገባ ስጋ

χάμπουργκερ

ሳንድዊች

σάντουιτς

ጥሬ ስጋ

κοτολέτα

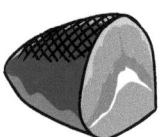

የአሳማ ስጋ

ζαμπόν

በቅመምና በጨዉ የታሸ ምግብ ቀዝቅዞ የሚበላ ሾርባ ምግብ

σαλάμι

ቋሊማ

λουκάνικο

ዶሮ

κοτόπουλο

ጥብስ

ψητό

አሳ

ψάρι

ምግብ - φαγητό

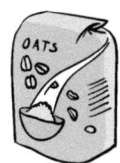

የአጃ ገንፎ
χυλός βρώμης

ከወተት ጋር ተደባልቀዉ የሚበሉ ·ምግቦች·
μούσλι

የበቆሎ ቅርፊት
κορν φλέικς

ዱቄት
αλεύρι

ኩራሳ
κρουασάν

ድብልብል ዳቦ
ψωμάκι

ዳቦ
ψωμί

መጥበስ
τοστ

ብስኩት
μπισκότα

ቅቤ
βούτυρο

እርጎ
τυρόπηγμα

ኬክ
κέικ

እንቁላል
αυγό

እንቁላል ጥብስ
τηγανητό αυγό

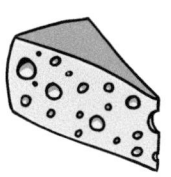

አይብ
τυρί

የበረዶ ክሬም

παγωτό

ስኳር

ζάχαρη

ማር

μέλι

ማርማላት

μαρμελάδα

የተናጠ የወተት ክሬም

άλλειμμα σοκολάτας

ማጣፈጫ

κάρυ

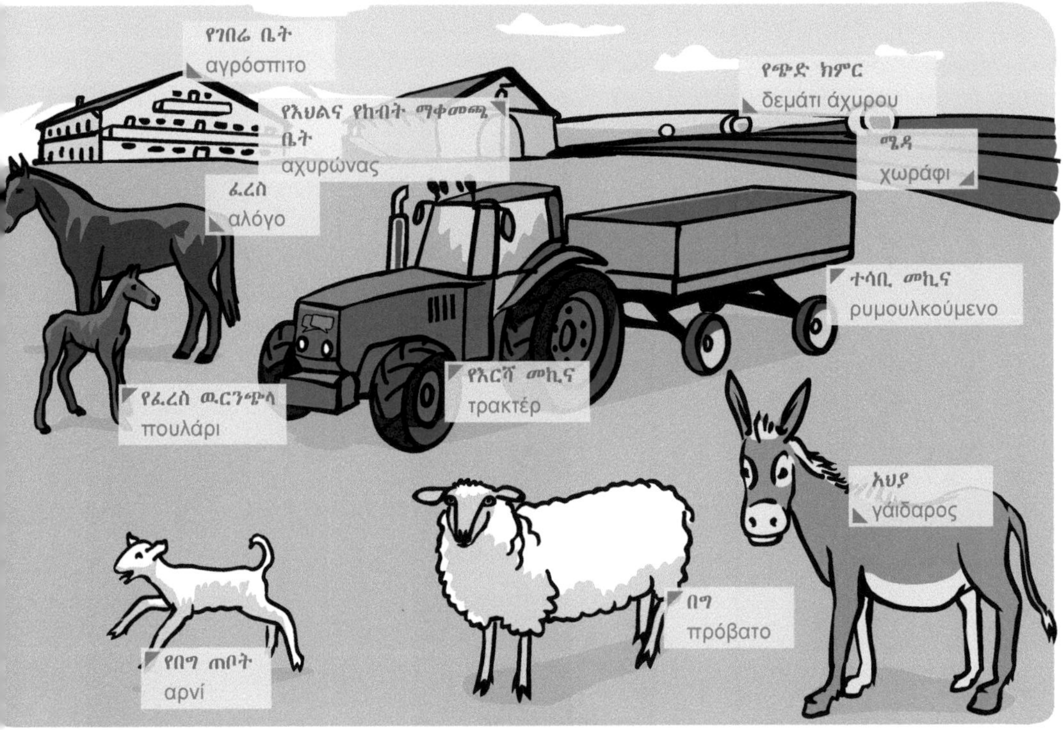

የገበሬ ቤት
αγρόσπιτο

የእህልና የከብት ማቆሚያ ቤት
αχυρώνας

ፈረስ
αλόγο

የፉድ ክምር
δεμάτι άχυρου

ሜዳ
χωράφι

ተሳቢ መኪና
ρυμουλκούμενο

የእርሻ መኪና
τρακτέρ

የፈረስ ውርንጭላ
πουλάρι

አህያ
γάιδαρος

በግ
πρόβατο

የበግ ጠቦት
αρνί

ፍየል

κατσίκα

ላም

αγελάδα

ጥጃ

μοσχαράκι

አሳማ

γουρούνι

ግልገል አሳማ

γουρουνάκι

ኮርማ

ταύρος

ዝይ
χήνα

ዳክዬ
πάπια

የዶሮ ጫጩት
κοτοπουλάκι

ዶሮ
κότα

አውራ ዶሮ
κόκορας

አይጥ
αρουραίος

ደድመት
γάτα

አይጥ
ποντίκι

በሬ
βόδι

ውሻ
σκύλος

የውሻ ቤት
σπιτάκι σκύλου

የአትክልት ቦታ
λάστιχο κήπου

ውሃ ማጠጫ ባልዲ
ποτιστήρι

ረጅም ማጭድ
θεριστήρι

ማረሻ
αλέτρι

ማጭድ
δρεπάνι

መኮትኮቻ
τσάπα

የእህል መንሽ
δίκρανο

መጥረቢያ
τσεκούρι

ኩርኩር/ የእጅ ጋሪ
χειράμαξα

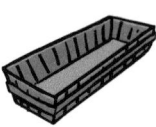

ገንዳ
ταΐστρα

የወተት ዕቃ
δοχείο γάλακτος

ጀንያ ከረጢት
σάκος

አጥር
φράχτης

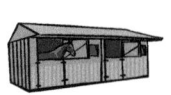

የፈረስ ጋጣ
στάβλος

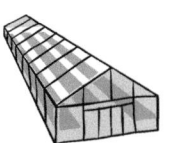

ዕፅዋት ማሳደጊያ የመስታዉት
ቤት
θερμοκήπιο

አፈር
έδαφος

ዘር
σπόρος

የምሬት ማዳበሪያ
λίπασμα

ጥምር ማረሻ
θεριζοαλωνιστική μηχανή

አዝመራ መሰብሰብ

θερίζω

አዝመራ

συγκομιδή

ድንች

γιαμς

ስንዴ

σιτάρι

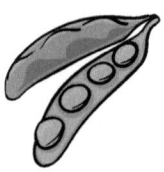

ሶያ

σόγια

ድንች

πατάτα

በቆሎ

καλαμπόκι

የከብት መኖ

κράμβη

የፍሬ ዛፍ

οπωροφόρο δέντρο

የካሳቫ ዛፍ

μανιόκα

እህል

δημητριακά

ቤት

σπίτι

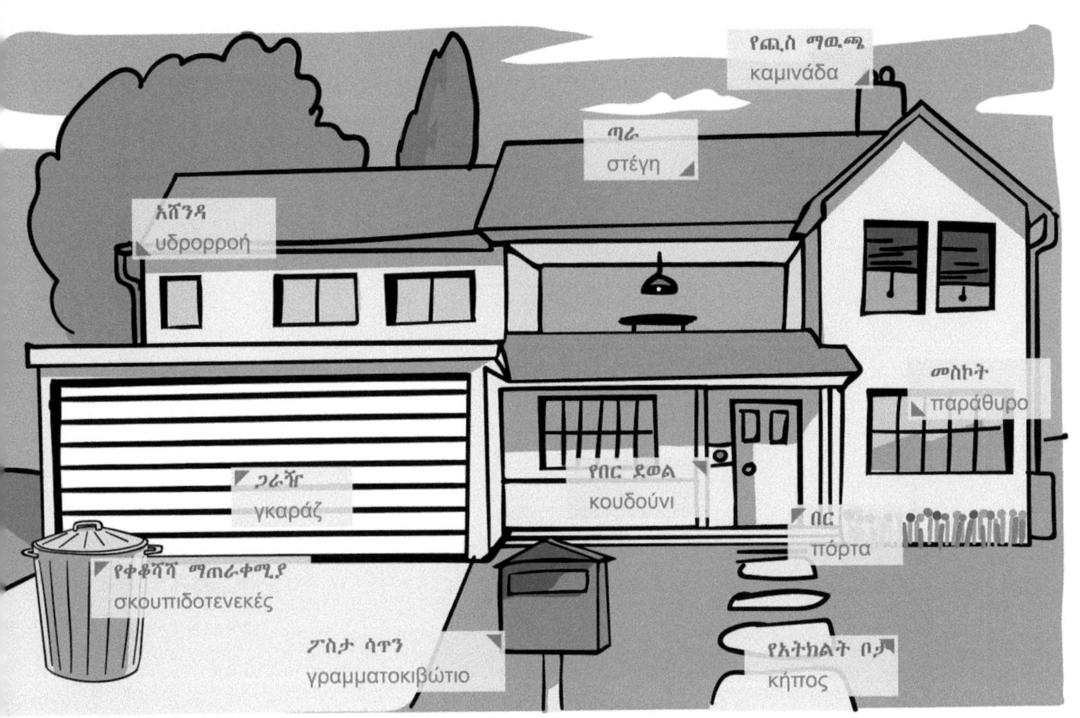

የጢስ ማዉጫ
καμινάδα
ጣራ
στέγη
አሸንዳ
υδρορροή
መስኮት
παράθυρο
ጋራዥ
γκαράζ
የበር ደወል
κουδούνι
በር
πόρτα
የቆሻሻ ማጠራቀሚያ
σκουπιδοτενεκές
ፖስታ ሳጥን
γραμματοκιβώτιο
የአትክልት ቦታ
κήπος

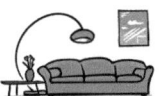

ሳሎን

σαλόνι

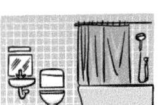

መታጠቢያ ቤት

μπάνιο

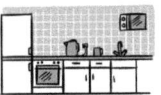

ማድቤት

κουζίνα

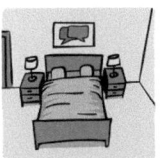

መኝታ ቤት

υπνοδωμάτιο

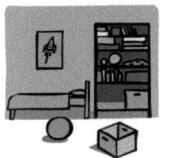

የልጅ ክፍል

παιδικό δωμάτιο

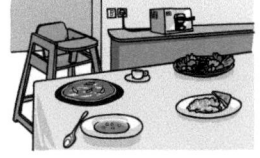

መመገቢያ ክፍል

τραπεζαρία

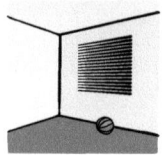

ወለል
πάτωμα

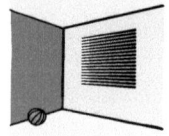

ግድግዳ
τοίχος

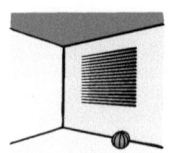

ጣሪያ
οροφή

ምድር ቤት
κελάρι

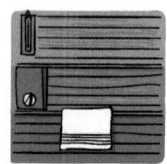

በእንፋሎት ሙቀት መታጠቢያ ቤት
σάουνα

ሰገነት
μπαλκόνι

ከፍ ያለ መደብ
βεράντα

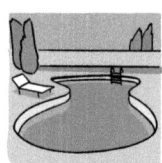

የመዋኛ ገንዳ
πισίνα

የማጨጃ መኪና
μηχανή του γκαζόν

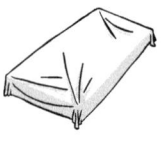

አንሶላ
σεντόνι

የአልጋ ልብስ
κάλυμμα κρεβατιού

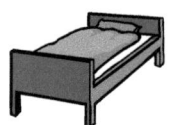

አልጋ
κρεβάτι

መጥረጊያ
σκούπα

ባልዲ
κουβάς

ማብሪያና ማጥፊያ
διακόπτης

ሳሎን

σαλόνι

የግድግዳ ወረቀት
ταπετσαρία
ፎቶ
φωτογραφία
መብራት
λάμπα
መደርደሪያ
ράφι
ቁም ሳጥን፣ ካቢኔ
ντουλάπι
ቴሌቭዥን
τηλεόραση
የእሳት መሞቂያ
τζάκι
አበባ
λουλούδι
ትራስ
μαξιλάρι
ሶፋ
καναπές
የአበባ ማስቀመጫ
βάζο
ሪሞት ኮንትሮል
τηλεκοντρόλ

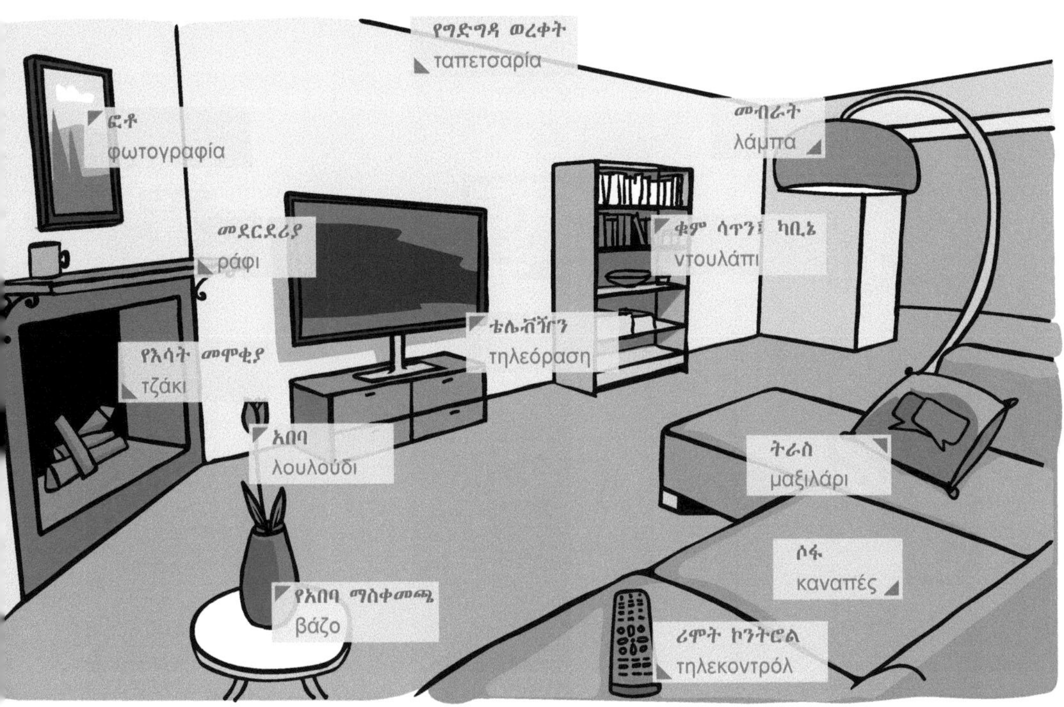

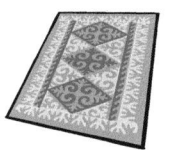

ንጣፍ

χαλί

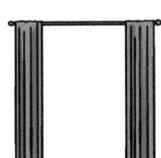

መጋረጃ

κουρτίνα

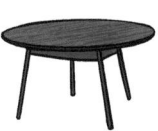

ጠረጴዛ

τραπέζι

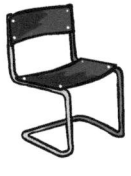

ወንበር

καρέκλα

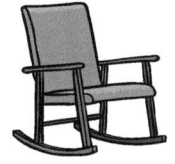

ተወዛዋዥ ወንበር

κουνιστή πολυθρόνα

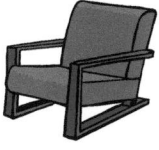

ባለመደገፊያ ወንበር

πολυθρόνα

መጽሐፍ
βιβλίο

ብርድ ልብስ
κουβέρτα

ጌጥ
διακόσμηση

ማገዶ
καυσόξυλα

ፊልም
ταινία

የሙዚቃ መማሪያወቻ
στερεοφωνικό σύστημα

ቁልፍ
κλειδί

ጋዜጣ
εφημερίδα

ስዕል
πίνακας ζωγραφικής

የተለጠፈ ማስታወቂያ እንደ ስዕል
αφίσα

ራዲዮ
ραδιόφωνο

ማስታወሻ ደብተር
σημειωματάριο

የአየር ማፅጃ ለምንጣፍ
ηλεκτρική σκούπα

ቁልቋል
κάκτος

ሻማ
κερί

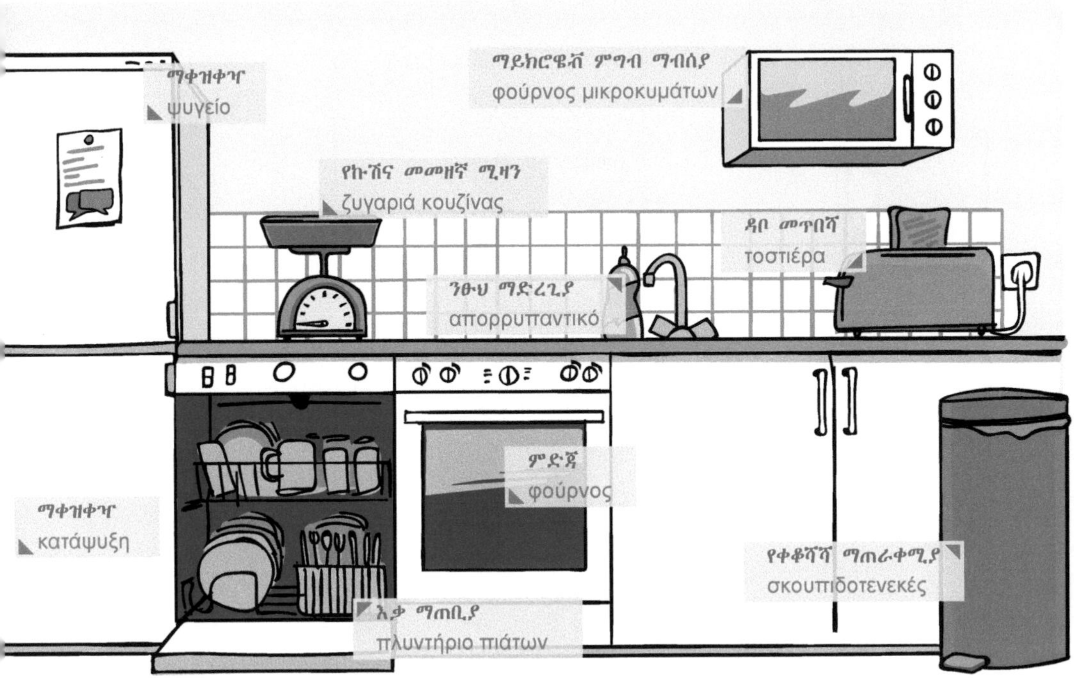

ማቀዝቀዣ
ψυγείο

ማይክሮዌቭ ምግብ ማብሰያ
φούρνος μικροκυμάτων

የኩሽና መመዘኛ ሚዛን
ζυγαριά κουζίνας

ዳቦ መጥበሻ
τοστιέρα

ንፁህ ማድረጊያ
απορρυπαντικό

ማቀዝቀዣ
κατάψυξη

ምድጃ
φούρνος

የቀቆሻሻ ማጠራቀሚያ
σκουπιδοτενεκές

እቃ ማጠቢያ
πλυντήριο πιάτων

ምግብ አብሳይ
κουζίνα

ማሰሮ
κατσαρόλα

የብረት ማሰሮ
μαντεμένια κατσαρόλα

ምግብ ማብሰያ ዝርግ ድስት
γουόκ/καντάι

የምግብ መጥበሻ
τηγάνι

ማንቆርቆሪያ
βραστήρας

የእንፉሎት ማብሰያ
atμομάγειρας

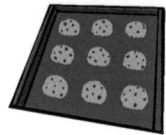

የመጋገሪያ ትሪ
ταψί

ሰብሰቦች
πιατικά

ትልቅ ኩባያ
κούπα

ጎድጓዳ ሳህን
μπολ

ቾፕስቲክስ
ξυλάκια

ጭልፋ
κουτάλα

መሰቅሰቂያ ዝርግ ማንኪያ
σπάτουλα

ማደባለቂያ
ανακατεύω

መወጠሪያ
σουρωτήρι

ወንፊት
σουρωτηράκι

መፈርፈሪያ መሳሪያ
τρίφτης

ሲሚንቶ
γουδί

የፍም ጥብስ
ψησταριά

የተለቀቀ እሳት
ανοιχτή φωτιά

መከተፊያ
σανίδα κοπής

ተንሽራታች መርፌ
πλάστης

የጠርሙስ መክፈቻ
ανοιχτήρι φελλών

ጣሳ
κονσέρβα

የጣሳ መክፈቻ
ανοιχτήρι κονσέρβας

የማሶሮ መሸፈኛ
γάντι φούρνου

ሳህን ማጠቢያ
νεροχύτης

ብሩሽ
βούρτσα

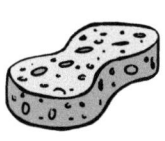

ስፖንጅ
σφουγγάρι

መደባለቂያ መሳሪያ
μπλέντερ

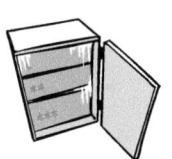

በጣም ማቀዝቀዣ
καταψύκτης

ጡጦ
μπιμπερό

ቧንቧ
βρύση

መታጠቢያ ቤት
μπάνιο

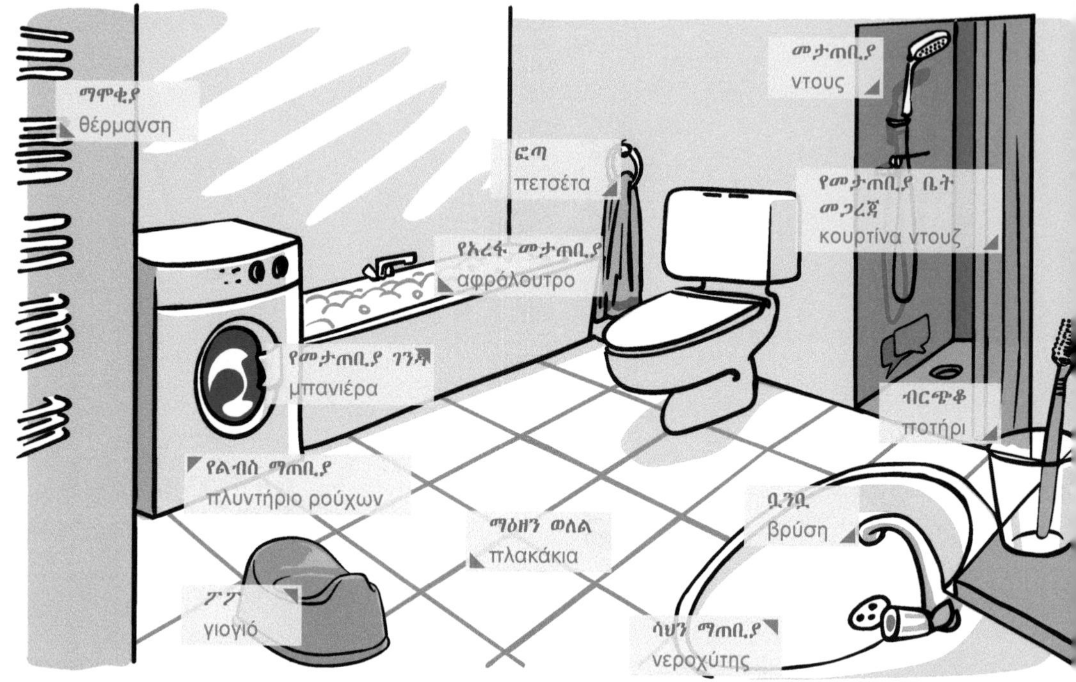

ማሞቂያ
θέρμανση
ፎጣ
πετσέτα
መታጠቢያ
ντους
የመታጠቢያ ቤት መጋረጃ
κουρτίνα ντουζ
የአረፋ መታጠቢያ
αφρόλουτρο
የመታጠቢያ ገንዳ
μπανιέρα
ብርጭቆ
ποτήρι
የልብስ ማጠቢያ
πλυντήριο ρούχων
ቧንቧ
βρύση
ማዕዘን ወለል
πλακάκια
ፖፖ
γιογιό
ሳህን ማጠቢያ
νεροχύτης

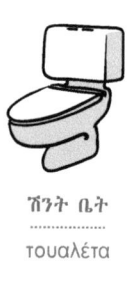

ሽንት ቤት

τουαλέτα

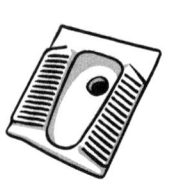

የሽንት ቤት መቀመጫ

τούρκικη τουαλέτα

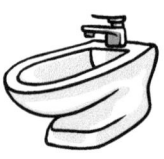

ሳፋ

μπιντές

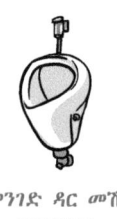

የመንገድ ዳር መሽኛ

ουρητήριο

የሽንት ቤት ወረቀት

χαρτί υγείας

የሽንት ቤት ማፅጃ ብሩሽ

πιγκάλ

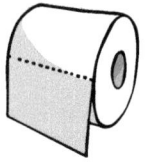

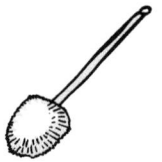

የጥርስ ብሩሽ

οδοντόβουρτσα

የጥርስ ሳሙና

οδοντόκρεμα

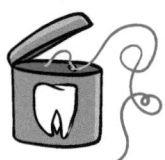

የጥርስ ማፅጃ ክር

οδοντικό νήμα

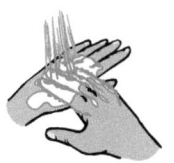

መታጠብ

πλένω

የእጅ መታጠቢያ

τηλέφωνο ντους

መታጠቢያ

ντουσιέρα

ጎድጓዳ ሳህን

λεκάνη

የጀርባ ብሩሽ

βούρτσα πλάτης

ሳሙና

σαπούνι

የመታጠቢያ የሚዝለገለግ ሳሙና

αφρόλουτρο

የፀጉር መታጠቢያ ሳሙና

σαμπουάν

ለስላሳ ጨርቅ

φανέλα

ፍሳሽ

σιφόνι

ክሬም

κρέμα

ጠረን መቀየሪያ ንጥረ ነገር

αποσμητικό

መታጠቢያ ቤት - μπάνιο

መስታወት

καθρέφτης

የእጅ መስታወት

καθρέφτης χειρός

ምላጭ

ξυραφάκι

የመላጫ አረፋ

αφρός ξυρίσματος

ከመላጨት በኋላ የሚቀባ ሽቱ

αφτερσέιβ

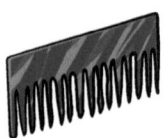

ማበጠሪያ

χτένα

ብሩሽ

βούρτσα

የፀጉር ማድረቂያ

σεσουάρ

በፀጉር ላይ የሚነፋ

λακ

የፊት መቀባቢያ

μακιγιάζ

የከንፈር ቀለም

κραγιόν

የጥፍር ቀለም

βερνίκι νυχιών

የጥጥ ሱፍ

βαμβάκι

ጥፍር መቁረጫ

ψαλίδι νυχιών

ሽቶ

άρωμα

40

መታጠቢያ ቤት - μπάνιο

ማጠቢያ ባልዲ
νεσεσέρ

መቀመጫ
σκαμπό

ሚዛን
ζυγαριά

የመታጠቢያ ልብስ
μπουρνούζι

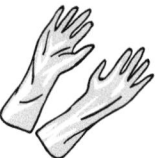

የላስቲክ ጓንት
ελαστικά γάντια

ሞዴስ
ταμπόν

የዕዳት ፎጣ
πετσέτα υγιεινής

የሽንት ቤት ኬሚካል
χημική τουαλέτα

የልጅ ክፍል

παιδικό δωμάτιο

የማንቂያ ደዉል ሰዐት
ξυπνητήρι
የህፃን አሻንጉሊት
λούτρινο ζωάκι
የመጫወቻ መኪና
αυτοκινητάκι
ማንገጫገጫ
መጫወቻ
κουδουνίστρα
የአሻንጉሊት ቤት
κουκλόσπιτο
ስጦታ
δώρο

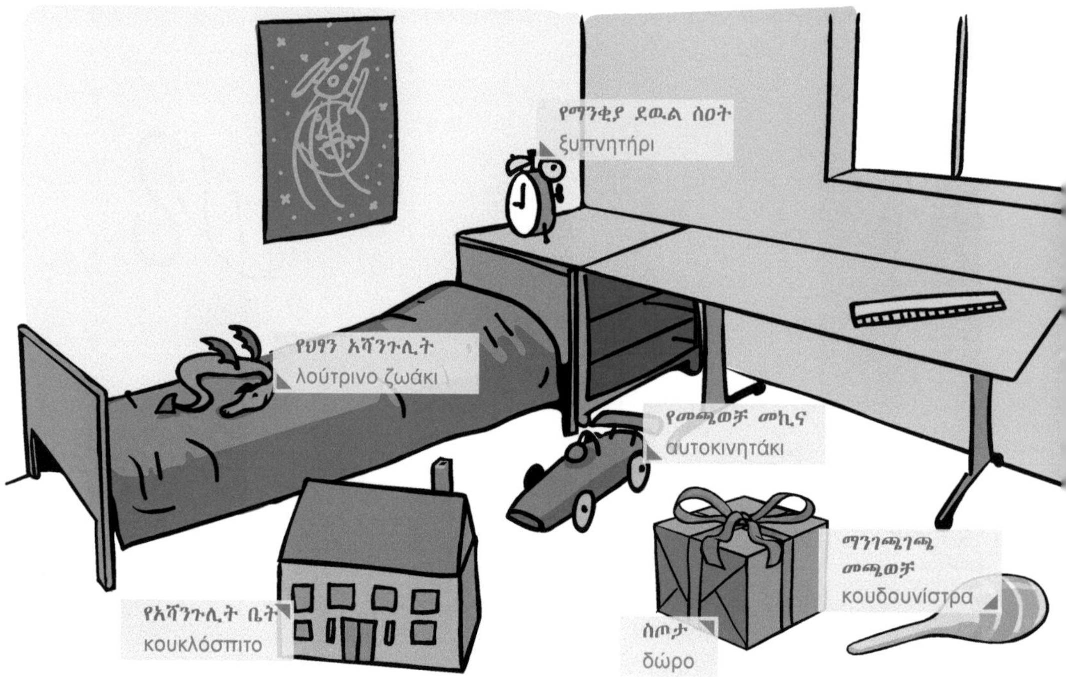

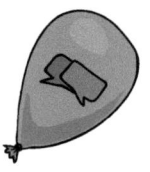

ፊኛ

....

μπαλόνι

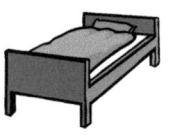

አልጋ

....

κρεβάτι

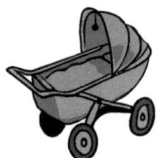

የህፃን ማንሸራሸሪያ ጋሪ

....

καροτσάκι

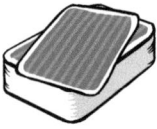

የካርታ መጫወቻ

....

τράπουλα

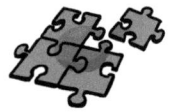

ቁርጥራጭ ምስሎችን የማገጣጠም
እና ምስል የማግኘት ጨዋታ

....

παζλ

SUPER
MEGA

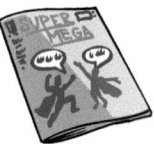

አዝናኝ

....

κόμικς

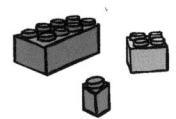

ተገጣጣሚ መጫወቻ
τουβλάκια lego

የመጫወቻ መገጣጠሚያዎች
τουβλάκια κατασκευών

የድርጊት ምስል
φιγούρα δράσης

የህፃን እድገት
βρεφικό φορμάκι

የፕላስቲክ መጫወቻ ዝርግ ሰህን
φρίσμπι

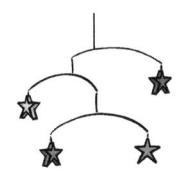

ተወዛዋዥ የህፃን ማጫወቻ
μόμπιλο

የሰሌዳ ጨዋታ
επιτραπέζιο παιχνίδι

የመጫወቻ ጠጠር
ζάρια

የመጫወቻ ባቡር
σετ τρενάκι

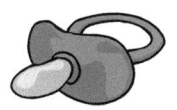

የእንጀራ እናት ጡጦ
πιπίλα

ድግስ
πάρτι

የስዕል መፅሀፍ
εικονογραφημένο βιβλίο

ኳስ
μπάλα

አሻንጉሊት
κούκλα

መጫወት
παίζω

የአሸዋ መጫወቻ
σκάμμα με άμμο

ችዋችዌ
κούνια

መጫወቻዎች
παιχνίδια

የቪዲዮ መጫወቻ
κονσόλα βιντεοπαιχνιδιών

ባለ ሶስት ጎማ ብስክሌት
τρίκυκλο

የአሻንጉሊት ድብ
αρκουδάκι

ቁምሳጥን
ντουλάπα

ካልሲዎች
κάλτσες

ስቶኪንጎች
καλτσοδέτες

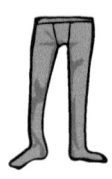

ታይት
καλσόν

የአንገት ልብስ
κασκόλ

ግንጥላ
ομπρέλα

ቀበቶ
ζώνη

ከናቴራ
μπλουζάκι

ቡቲ
μπότες

የቤት ዉስጥ ነጠላ ጫማ
παντόφλες

ስኒከሮች
αθλητικά παπούτσια

ነጠላ ጫማዎች
σανδάλια

ጫማዎች
παπούτσια

የዝናብ ቡትስ
γαλότσες

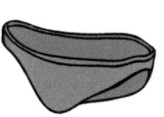

ሙታንታ
εσώρουχο

ጡት መያዣ
σουτιέν

ሰደርያ
φανέλα

ሰዉነት
σώμα

ሱሪዎች
παντελόνι

ጅንስ
τζιν παντελόνι

ጉርድ ቀሚስ
φούστα

ሸሚዝ
μπλούζα

ሸሚዝ
πουκάμισο

የሚጠለቅ ሹራብ
πουλόβερ

ሹራብ
πουλόβερ

ዩኒፎርም ጃኬት
σακάκι

ጃኬት
μπουφάν

ኮት
παλτό

የዝናብ ኮት
αδιάβροχο πανωφόρι

ልብስ
κοστούμι

ቀሚስ
φόρεμα

የሙሽራ ቀሚስ
νυφικό

አልባሳት - ρούχα

ሱፍ

κοστούμι

የለሊት ልብስ

νυχτικό

የለሊት ልብስ

πιτζάμες

ረጅም ቀሚስ

σάρι

ሂጃብ

μαντήλι

ጥምጣም

τουρμπάνι

ቡርቃ

μπούρκα

ሸርጥ

καφτάνι

አባያ

μουσουλμανικό ένδυμα

የዋና ልብስ

ολόσωμο μαγιό

አጭር ቁምጣ

ανδρικό μαγιό

ቁምጣዎች

σορτς

የስፖ ቱታ

αθλητική φόρμα

ሸርጥ

ποδιά

ጓንት

γάντια

ቁልፍ

κουμπί

መነፅር

γυαλιά

አምባር

βραχιόλι

የአንገት ሀብል

περιδέραιο

ቀለበት

δαχτυλίδι

የጆሮ ጌጥ

σκουλαρίκι

ኮፍያ

καπέλο

የኮት መስቀያ

κρεμάστρα

ኮፍያ

καπέλο

ከረባት

γραβάτα

ዚፕ

φερμουάρ

የብረት ቆብ

κράνος

መደገፊያ

τιράντες

የትምህርት ቤት የደንብ ልብስ

μαθητική στολή

የደንብ ልብስ

στολή

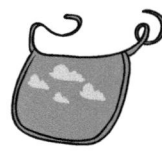

መሃረብ

σαλιάρα

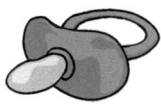

የእንጀራ እናት ጡጦ

πιπίλα

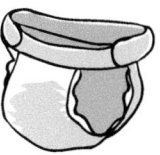

ሽንት ጨርቅ

πάνα

ቢሮ

γραφείο

ማሰራጫ ጣቢያ
σέρβερ
የፋይል መደርደሪያ ካቢኔ
αρχειοθήκη
የህትመት መሳሪያ
εκτυπωτής
ወረቀት
χαρτί
መቆጣጠሪያ
οθόνη
ማውዝ
ποντίκι
መፃፊያ ጠረጴዛ
γραφείο
ማህደር
ντοσιέ
የመፃፊ ቁልፎች
πληκτρολόγιο
የቆሻሻ ወረቀት መጣያ ቅርጫት
καλάθι αχρήστων
ኮምፒዉተር
υπολογιστής
ወንበር
καρέκλα

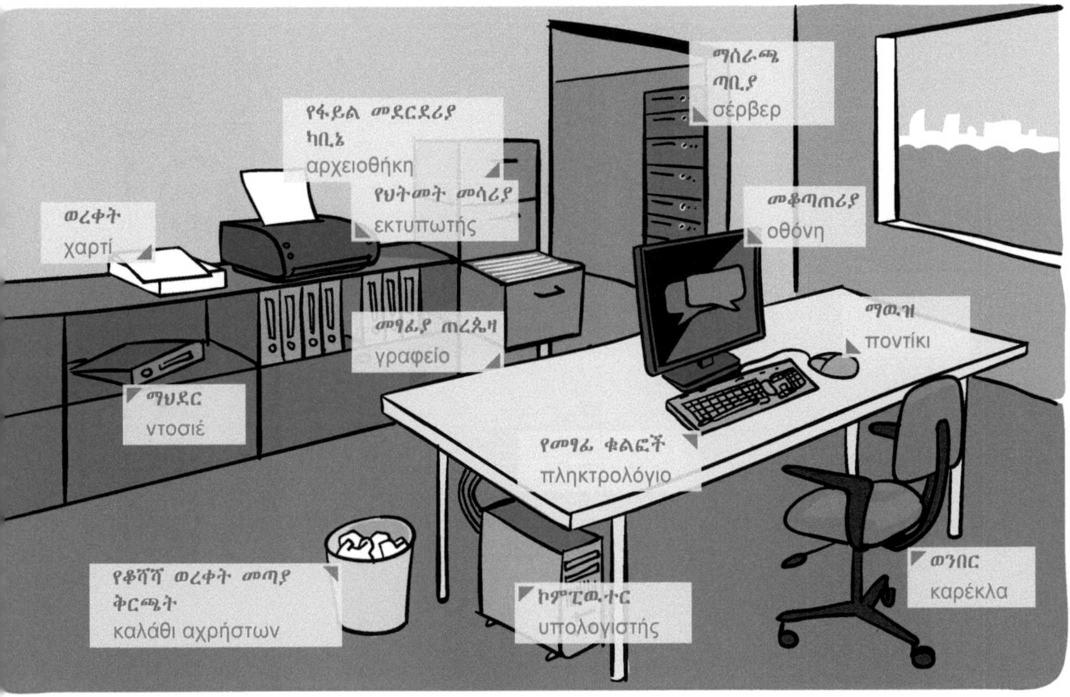

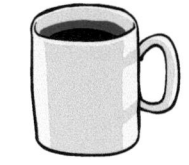

የቡና መጠጫ ትልቅ ኩባያ

κούπα του καφέ

ማስልያ ማሽን

κομπιουτεράκι

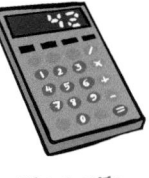

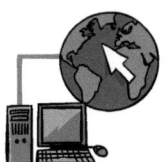

ኢንተርኔት

ίντερνετ

ላፕቶፕ
λάπτοπ

ደብዳቤ
γράμμα

መልዕክት
μήνυμα

ተንቀሳቃሽ ስልክ
κινητό

የግንኙነት አዉታር
δίκτυο

ማባዣ ማሽን
φωτοτυπικό μηχάνημα

ሶፍትዌር
λογισμικό

ስልክ
τηλέφωνο

የግድግዳ ሶኬት
πρίζα

የፋክስ ማሽን
συσκευή φαξ

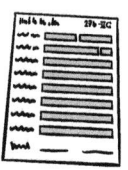

ቅፅ
έντυπο

ሰነድ
έγγραφο

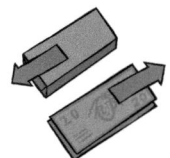

መግዛት

αγοράζω

መክፈል

πληρώνω

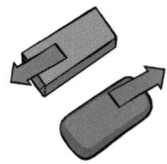

መነገድ

συναλλάσσομαι

ገንዘብ

χρήματα

ዶላር

δολάριο

ዩሮ

ευρώ

የን

γιεν

ሩብል

ρούβλι

የስዊዝ ፍራንክ

ελβετικό φράγκο

ሬንሚንቢ ዩዋን

ρενμίνμπι γιουάν

ሩዲ

ρουπία

የገንዘብ ነጥብ

ΑΤΜ (αυτόματη ταμειακή μηχανή)

የዉጭ ገንዘብ ምንዛሪ ቢሮ

ανταλλακτήρια
συναλλάγματος

ወርቅ

χρυσός

ብር

ασήμι

ዘይት

πετρέλαιο

ሀይል፤ ጉልበት

ενέργεια

ዋጋ

τιμή

ግንኙነት

συμβόλαιο

ቀረጥ

φόρος

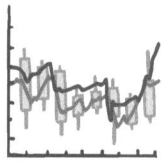

አክስዮን

μετοχή

መስራት

δουλεύω

ተቀጣሪ

υπάλληλος

ቀጣሪ

εργοδότης

ፋብሪካ

εργοστάσιο

ሱቅ

κατάστημα

የፖሊስ አዛዥ
αστυνόμος

የእሳት አደጋ ሰራተኛ
πυροσβέστης

ምግብ አብሳይ
μάγειρας

ዶክተር
γιατρός

አብራሪ
πιλότος

አትክልተኛ
κηπουρός

አናጢ
ξυλουργός

ልብስ ሰፊ ቤት
μοδίστρα

ዳኛ
δικαστής

ቀማሚ
χημικός

ተዋናይ
ηθοποιός

የአዉቶቢስ ሹፌር

οδηγός λεωφορείου

የታክሲ ሹፌር

ταξιτζής

አሳ አጥማጅ

ψαράς

ፅዳት ሰራተኛ

καθαρίστρια

የጣራ ሰራተኛ

τεχνίτης στεγών

አስተናጋጅ

σερβιτόρος

አዳኝ

κυνηγός

ሰዓሊ

ζωγράφος

ጋጋሪ

αρτοποιός

የኤሌትሪክ ሰራተኛ

ηλεκτρολόγος

ገምቢ

οικοδόμος

መሃሃዲስ

μηχανολόγος

ልኳንዳ

κρεοπώλης

የቧንቧ ሰራተኛ

υδραυλικός

የፖስታ ሰራተኛ

ταχυδρόμος

ወታደር

στρατιώτης

መሃንዲስ

αρχιτέκτονας

የሒሳብ ሰራተኛ

ταμίας

አበባ ሻጭ

ανθοπώλης

የፀጉር ሰራተኛ

κομμωτής

ቲኬት ቆራጭ

ελεγκτής εισιτηρίων

መካኒክ

μηχανικός

ካፒቴን

καπετάνιος

የጥርስ ሐኪም

οδοντίατρος

ተመራማሪ

επιστήμονας

መምህር

ραβίνος

የሙስሊም ሃይማኖታዊ መሪ

ιμάμης

መነኩሴ

μοναχός

ካህን

ιερέας

መሳሪያዎች

εργαλεία

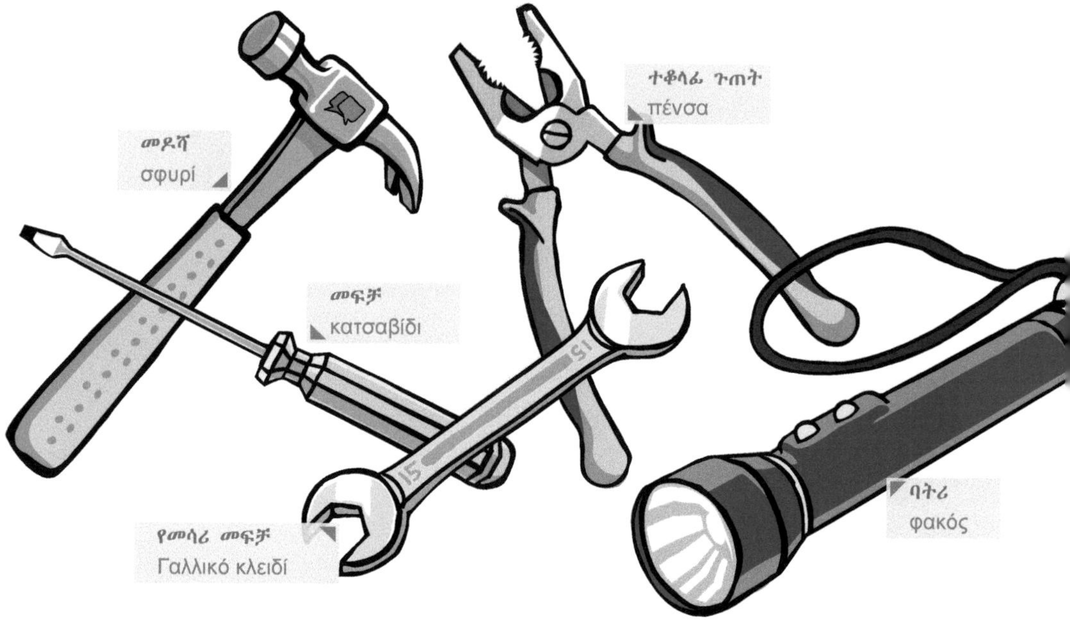
ተቆላፊ ጉጠት
πένσα
መዶሻ
σφυρί
መፍቻ
κατσαβίδι
ባትሪ
φακός
የመሳሪ መፍቻ
Γαλλικό κλειδί

በቁፋሮ የሚዝቅ

εκσκαφέας

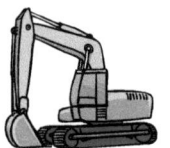

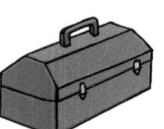

የመፍቻ ሳጥን

εργαλειοθήκη

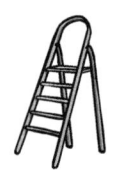

መሰላል

σκάλα

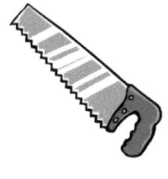

መጋዝ

πριόνι

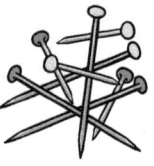

ምስማር

καρφιά

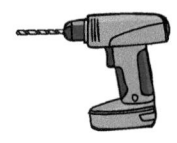

መሰርሰሪያ

τρυπάνι

መጠገን
....
επισκευάζω

አካፉ
....
φτυάρι

የተረገመ!
....
Να πάρει!

ቆሻሻ ማፈሻ
....
φαράσι

የቀለም ቆርቆሮ
....
δοχείο χρωμάτων

ብሎን
....
βίδες

የሙዚቃ መሳሪያዎች
μουσικά όργανα

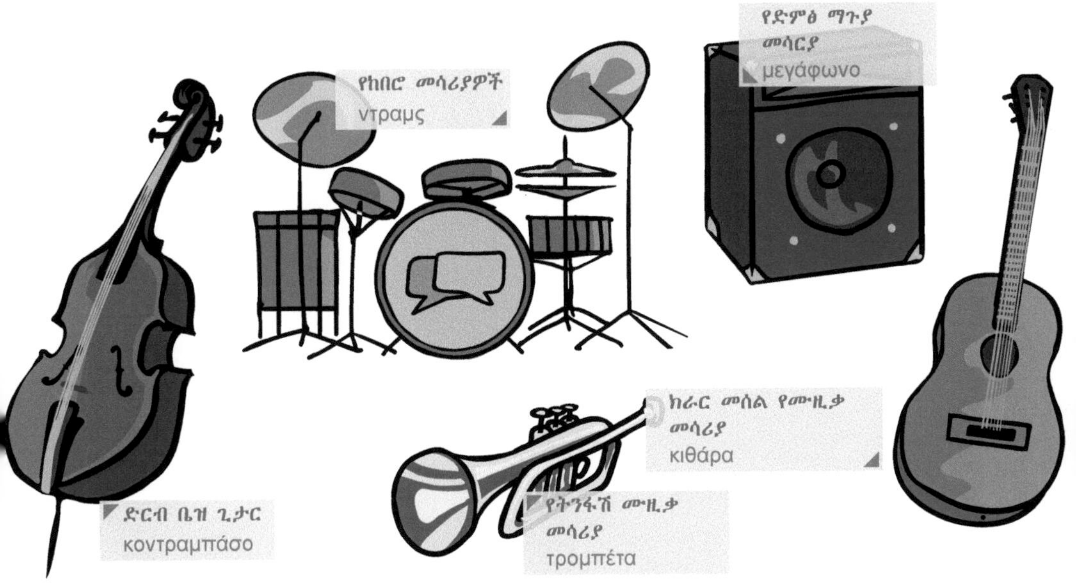

የደምፅ ማጉያ
መሳሪያ
μεγάφωνο

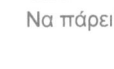

የከበሮ መሳሪያዎች
ντραμς

ክራር መስል የሙዚቃ
መሳሪያ
κιθάρα

የትንፋሽ ሙዚቃ
መሳሪያ
τρομπέτα

ድርብ ቤዝ ጊታር
κοντραμπάσο

ፒያኖ

πιάνο

ቫዮሊን

βιολί

ወፍራም፤ ጎርናና ድምፅ ያለዉ
ክራር መሰል ሙዚቃ መሳሪያ

μπάσο

ነጋሪት

τύμπανα

ከበሮ

τύμπανο

በኤሌክትሪክ የሚሰራ ፒኖ

πλήκτρα

የትንፋሽ ሙዚቃ መሳሪያ

σαξόφωνο

ዋሽንት

φλάουτο

የድምፅ ማጉያ

μικρόφωνο

የደር እንስሳት ማቆያ

ζωολογικός κήπος

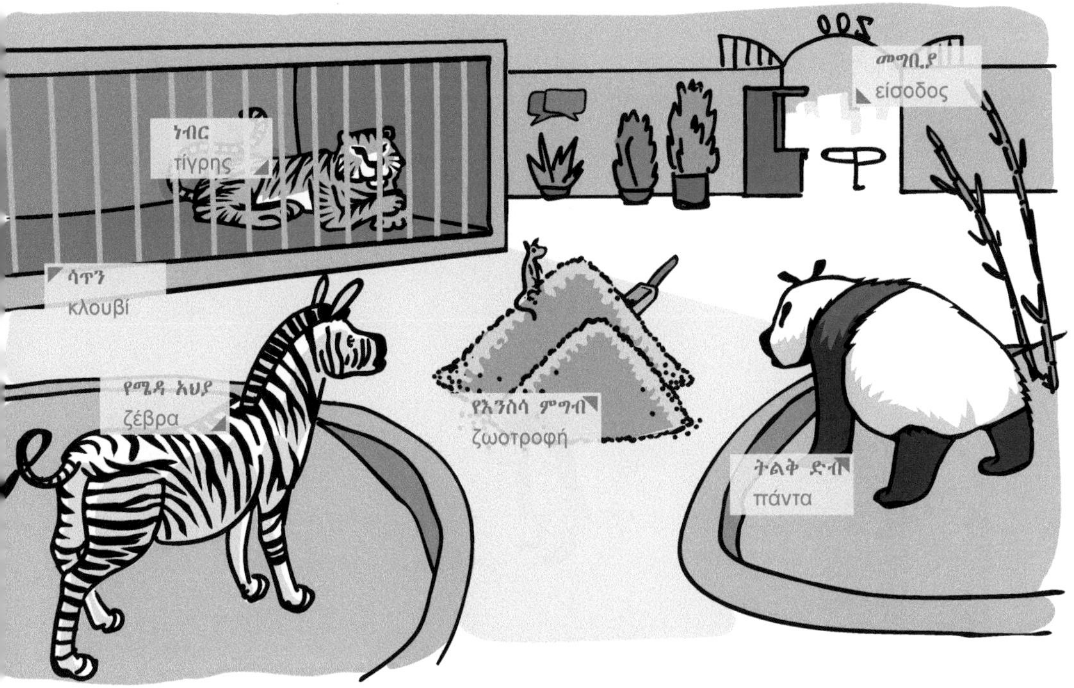

ነብር
τίγρης
ሳጥን
κλουβί
የሜዳ አህያ
ζέβρα
የእንስሳ ምግብ
ζωοτροφή
መግቢያ
είσοδος
ትልቅ ድብ
πάντα

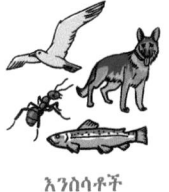

እንስሳቶች
....
ζώα

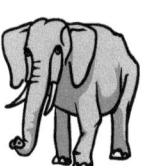

ዝሆን
....
ελέφαντας

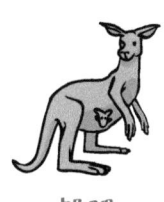

ካንጋሮ
....
καγκουρό

አዉራሪስ
....
ρινόκερος

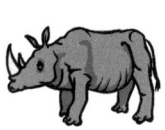

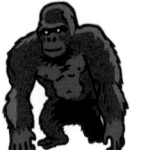

ትልቅ ዝንጀሮ
....
γορίλας

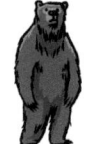

ድብ
....
αρκούδα

ግመል
....
καμήλα

ሰጎን
....
στρουθοκάμηλος

አንበሳ
....
λιοντάρι

ጦጣ
....
πίθηκος

ቅልጥም ረኻም ወፍ
....
φλαμίνγκο

በቀቀን
....
παπαγάλος

የዋልታ ድብ
....
πολική αρκούδα

የዋልታ ወፎች
....
πιγκουίνος

ረጅም ጥርሶች ያሉትአሳ ነባሪ
....
καρχαρίας

ጣዎስ
....
παγώνι

እባብ
....
φίδι

አዞ
....
κροκόδειλος

የዱር አራዊት የሚጠበቁበት ማቆያን የሚጠብቅ
....
φύλακας ζωολογικού κήπου

አሳ በሊታ የባህር እንስሳ
....
φώκια

የዱር ድመት
....
τζάγκουαρ

ድንክ ፈረስ
πόνυ

ነብር
λεοπάρδαλη

ጉማሬ
ιπποπόταμος

ቀጭኔ
καμηλοπάρδαλη

ንስር
αετός

ከርከሮ
αγριογούρουνο

አሳ
ψάρι

የባህር ኤሊ
χελώνα

የባህር አውራ
θαλάσσιος ίππος

ቀበሮ
αλεπού

የሜዳ ፍየል ፣ ሚዳቋ
γαζέλα

የአሜሪካ እግርኳስ
Αμερικάνικο ποδόσφαιρο

የብስክሌት ስፖርት
ποδηλασία

ቴኒስ
αντισφαίριση

የቅርጫት ኳስ
μπάσκετ

ዋና
κολύμβηση

የበረዶ ላይ የገና ጨዋታ
χόκεϋ επί πάγου

የቡጢ ስፖርት
πυγμαχία

እግር ኳስ
ποδόσφαιρο

የላባ ኳስ ጨዋታ
μπάντμιντον

አትሌቲክስ
στίβος

የእጅ ኳስ ስፖርት
χάντμπολ

የበረዶ መንሸራተት ስፖርት
σκι

ፈረስ ግልቢያ
πόλο

መጻፍ	መሳል	ማሳየት
γράφω	σχεδιάζω	δείχνω

መግፋት	መስጠት	መዉሰድ
πιέζω	δίνω	παίρνω

መያዝ

έχω

ማድረግ

κάνω

መሆን

είμαι

መቆም

στέκομαι

መሮጥ

τρέχω

መሳብ

τραβάω

መወርወር

ρίχνω

መዉደቅ

πέφτω

መዋሸት

ξαπλώνω

መጠበቅ

περιμένω

መሸከም

κουβαλώ

መቀመጥ

κάθομαι

መልበስ

φοράω

መተኛት

κοιμάμαι

መንቃት

ξυπνάω

መመልከት
....
κοιτάω

ማለልቀስ
....
κλαίω

መጫር
....
χαϊδεύω

ማበጠር
....
χτενίζω

ማዉራት
....
μιλάω

መረዳት
....
καταλαβαίνω

ጥያቄ
....
ρωτάω

ማዳመጥ
....
ακούω

መጠጣት
....
πίνω

መብላት
....
τρώω

ማንጻት
....
συγυρίζω

ማፍቀር
....
αγαπάω

ምግብ ማብሰል
....
μαγειρεύω

መንዳት
....
οδηγώ

መብረር
....
πετάω

መርከብ መንዳት
κάνω ιστιοπλοΐα

ቁጥሮችን ማስላት
υπολογίζω

ማንበብ
διαβάζω

መማር
μαθαίνω

መስራት
δουλεύω

ማግባት
παντρεύομαι

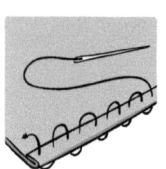

መስፋት
ράβω

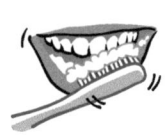

ጥርስ መቦረሽ
βουρτσίζω τα δόντια

መግደል
σκοτώνω

ማጨስ
καπνίζω

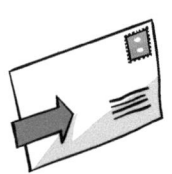

መላክ
στέλνω

ቤተሰብ

οικογένεια

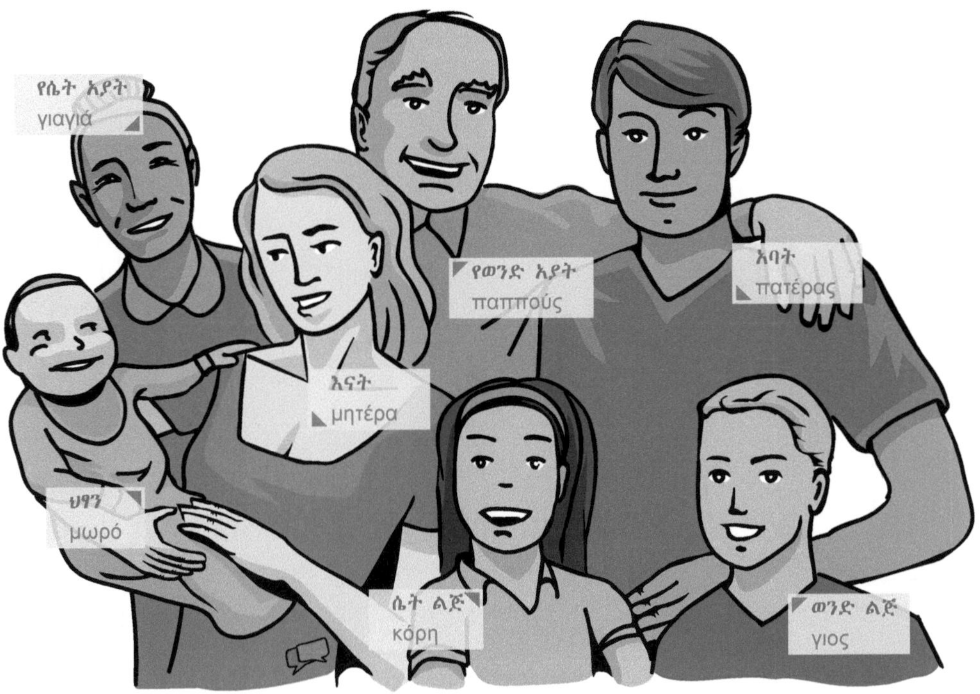

የሴት አያት
γιαγιά
የወንድ አያት
παππούς
አባት
πατέρας
እናት
μητέρα
ህፃን
μωρό
ሴት ልጅ
κόρη
ወንድ ልጅ
γιος

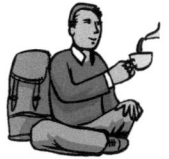

እንግዳ

καλεσμένος

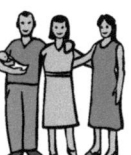

አክስት

θεία

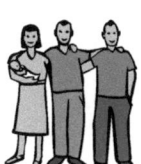

አጎት

θείος

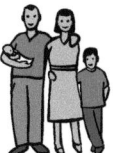

ወንድም

αδελφός

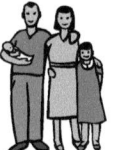

እህት

αδελφή

አካል

σώμα

ግንባር
μέτωπο
አይን
μάτι
ትከሻ
ώμος
ጣት
δάχτυλο
ፊት
πρόσωπο
አገጭ
πιγούνι
እጅ
χέρι
ጡት
στήθος
እግር
πόδι
ክንድ
βραχίονας

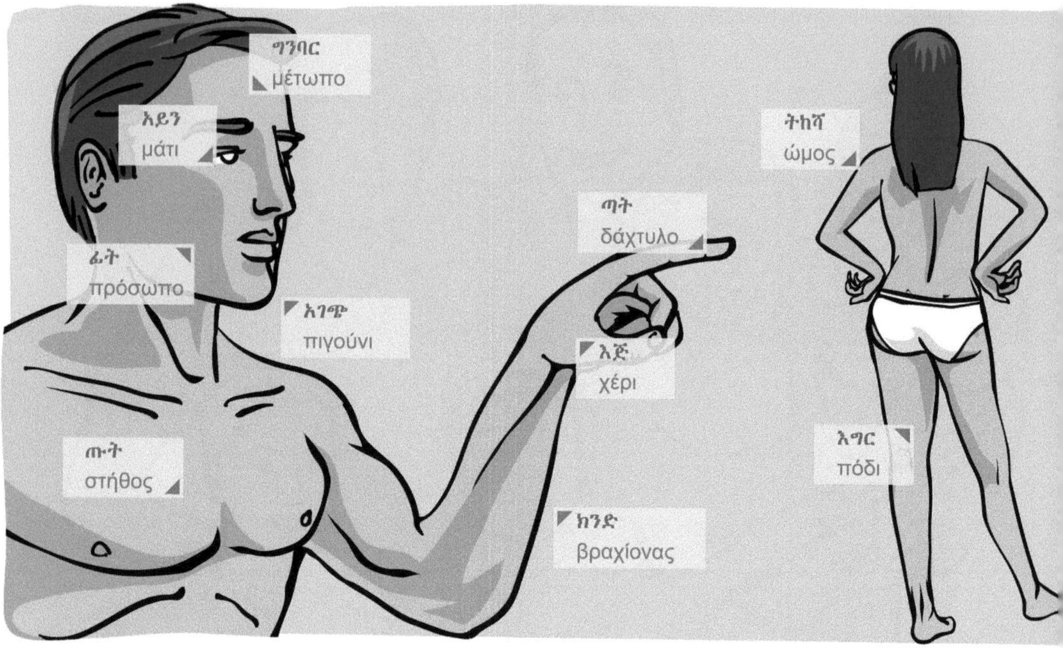

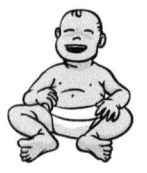

ህፃን

μωρό

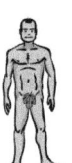

ሰዉ

άνδρας

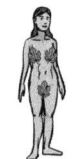

ሴት

γυναίκα

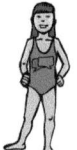

ልጃገረድ

κορίτσι

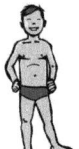

ወንድ ልጅ

αγόρι

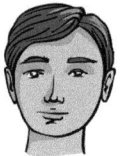

ራስ

κεφάλι

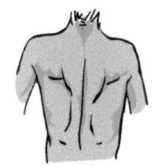

ጀርባ
....
πλάτη

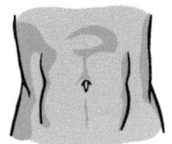

ሆድ
....
κοιλιά

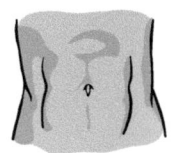

እምብርት
....
αφαλός

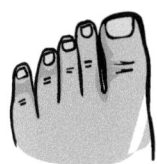

እግር ጣት
....
δάχτυλο ποδιού

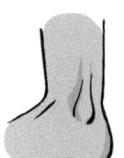

ተረከዝ
....
φτέρνα

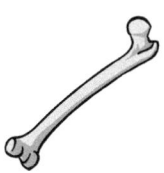

አጥንት
....
κόκκαλο

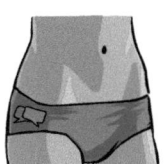

ዳሌ
....
γοφός

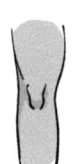

ጉልበት
....
γόνατο

ክርን
....
αγκώνας

አፍንጫ
....
μύτη

ቂጥ
....
γλουτός

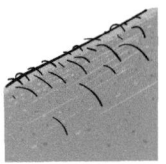

ቆዳ
....
δέρμα

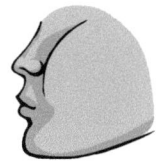

ጉንጭ
....
μάγουλο

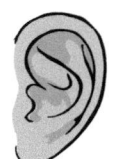

ጆሮ
....
αυτί

ከንፈር
....
χείλος

አካል - σώμα

አፍ

στόμα

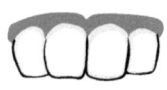

ጥርስ

δόντι

ምላስ

γλώσσα

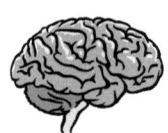

አንጎል

εγκέφαλος

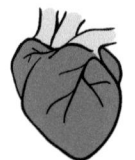

ልብ

καρδιά

ጡንቻ

μυς

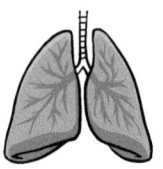

ሳምባ

πνεύμονας

ጉበት

συκώτι

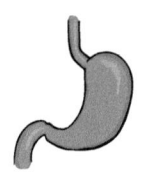

ሆድ

στομάχι

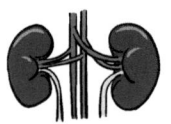

ኩላሊቶች

νεφρά

የግብረስጋ ግንኙነት

σεξουαλική επαφή

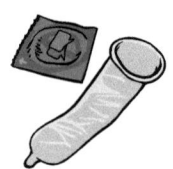

ኮንዶም

προφυλακτικό

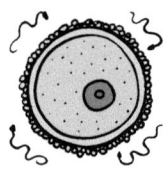

የሴት እንቁላል

ωάριο

የወር ፈሳሽ

σπέρμα

እርግዝና

εγκυμοσύνη

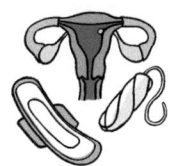

የወር አበባ

περίοδος

እምስ

γυναικείος κόλπος

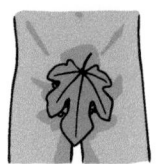

ቁላ

πέος

ቅንድብ

φρύδι

ፀጉር

μαλλιά

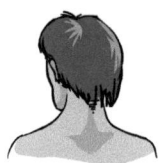

አንገት

λαιμός

ሆስፒታል
νοσοκομείο

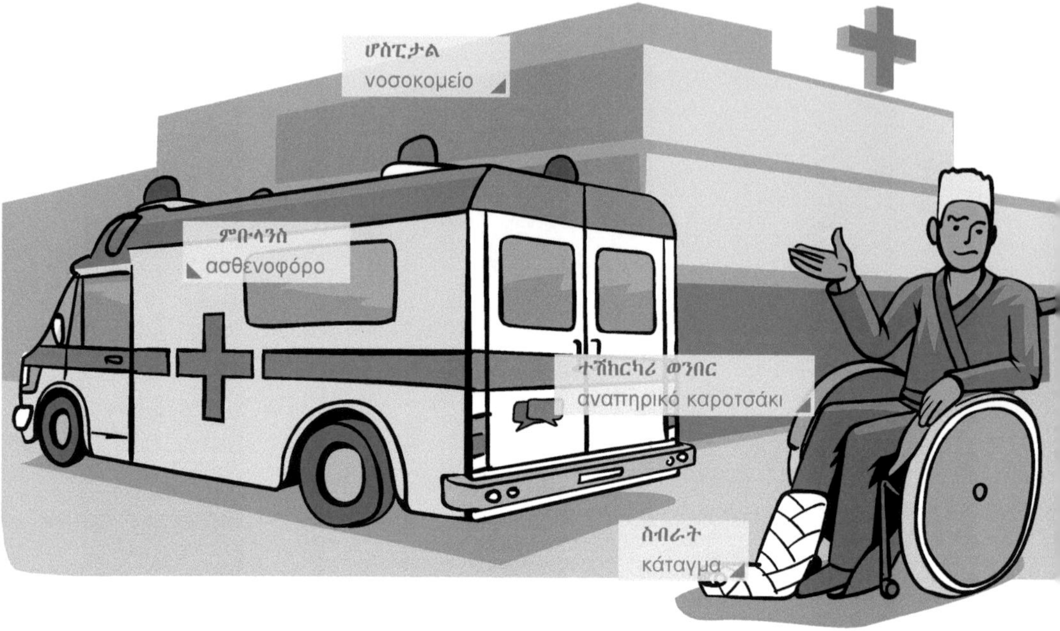

ሆስፒታል
νοσοκομείο
ምቡላንስ
ασθενοφόρο
ተሽከርካሪ ወንበር
αναπηρικό καροτσάκι
ስብራት
κάταγμα

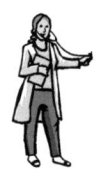

ዶክተር

γιατρός

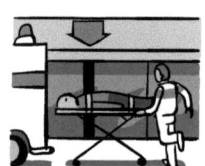

ድንገተኛ ክፍል

μονάδα εντατικής θεραπείας

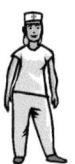

ነርስ

νοσοκόμα

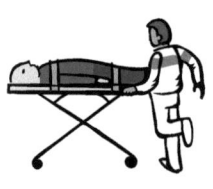

ድንገተኛ

έκτακτη ανάγκη

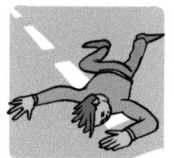

ራስን መሳት/ ለማወቅ

λιπόθυμος

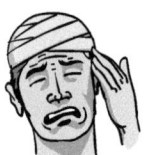

ህመም

πόνος

ጉዳት

τραύμα

መድማት

αιμορραγία

የልብ ድካም

έμφραγμα

ስትሮክ

εγκεφαλικό

አለርጂ

αλλεργία

ሳል

βήχας

ትኩሳት

πυρετός

ኢንፍሉዌንዛ

γρίπη

ተቅማጥ

διάρροια

የራስ ምታት

πονοκέφαλος

ካንሰር

καρκίνος

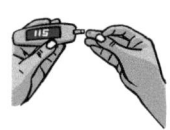

የስኳር በሽታ

διαβήτης

ቀዶ ጠጋኝ ሐኪም

χειρουργός

የቀዶ ጥገና ስለት

νυστέρι

ቀዶ ጥገና

εγχείρηση

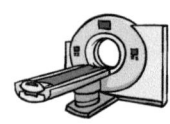

ሲ.ቲ
αξονική τομογραφία

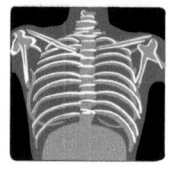

ኤክስሬይ
ακτινογραφία

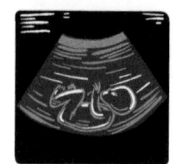

አልትራሳዉንድ
υπέρηχος

የፊት ጭምብል
μάσκα

በሽታ
ασθένεια

መጠበቂያ ክፍል
αίθουσα αναμονής

ምርኩዝ
πατερίτσα

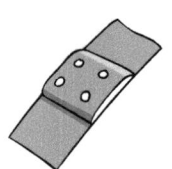

የቁስል ማሸጊያ
χάνσαπλαστ

ፋሻ
επίδεσμος

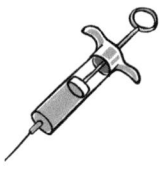

መርፌ
ένεση

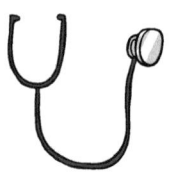

የልብ ምት ማዳመጫ መሳሪያ
στηθοσκόπιο

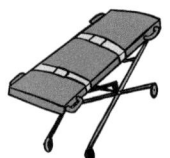

የበሽተኛ አልጋ
φορείο

የህክምና ሙቀት መለኪያ መሳሪያ
θερμόμετρο

መውለድ
γέννηση

ከልክ ያለፈ ክብደት
υπέρβαρο

ለመስማት የሚረዳ መሳሪያ

ακουστικό βαρηκοΐας

ፀረ ተባይ መድህኒት

αντισηπτικό

ማመርቀዝ

λοίμωξη

ቫይረስ

ιός

ኤች አይቪ ኤድስ

HIV/AIDS

ህክምና

φάρμακο

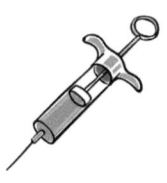

ክትባት

εμβολιασμός

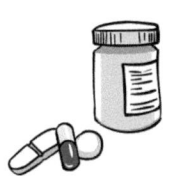

ኪኒን

δισκία

ኪኒን

χάπι

አስቸኳይ የስልክ ጥሪ

κλήση έκτακτης ανάγκης

ደም ግፊት መቆጣጠሪያ

πιεσόμετρο αίματος

ህመም/ ጤንነት

άρρωστος / υγιής

እርዳታ!
Βοήθεια!

ማንቂያ ደወል
συναγερμός

ጥቃት
βιαιοπραγία

ድብደባ
επίθεση

አደጋ
κίνδυνος

የድንገተኛ መውጫ
έξοδος κινδύνου

እሳት!
Φωτιά!

እሳት ማጥፊያ
πυροσβεστήρας

አደጋ
ατύχημα

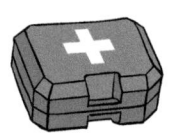

የመጀመሪያ እርዳታ መድሃኒት መያዣ
κουτί πρώτων βοηθειών

ነፍስ አድን
SOS

ፖሊስ
αστυνομία

አዉሮፓ

Ευρώπη

ሰሜን አሜሪካ

Βόρεια Αμερική

ደቡብ አሜሪካ

Νότια Αμερική

አፍሪካ

Αφρική

እስያ

Ασία

አዉስትራሊያ

Αυστραλία

አትላንቲክ

Ατλαντικός Ωκεανός

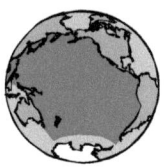

ፓስፊክ

Ειρηνικός Ωκεανός

የህንድ ዉቅያኖስ

Ινδικός Ωκεανός

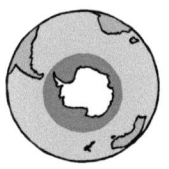

አንታርክቲክ ዉቅያኖስ

Ανταρκτικός Ωκεανός

አርክቲክ ዉቅያኖስ

Αρκτικός Ωκεανός

ሰሜን ዋልታ

Βόρειος Πόλος

ደቡብ ዋልታ
Νότιος Πόλος

አንታርክቲካ
Ανταρκτική

ምድር
Γη

መሬት
γη

ባህር
θάλασσα

ደሴት
νησί

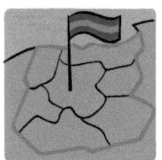

አገርና ህዝብ
έθνος

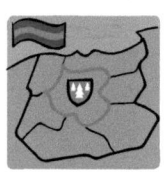

መንግስት
πολιτεία

የሰዓት ገፅታ

καντράν ρολογιού

ሰዓት

ωροδείκτης

ደቂቃ

λεπτοδείκτης

ሴኮንድ

δείκτης δευτερολέπτων

ስንት ሰዓት ነው?

Τι ώρα είναι;

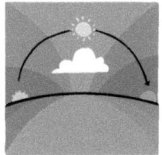

ቀን

ημέρα

ጊዜ

χρόνος

አሁን

τώρα

የቁጥር ሰዓት

ψηφιακό ρολόι

ደቂቃ

λεπτό

ሰዓታት

ώρα

ሰኞ
Δευτέρα

MO

TU

ማክሰኞ
Τρίτη

W

ረቡዕ
Τετάρτη

TH

ሐሙስ
Πέμπτη

ቅዳሜ
Σάββατο

FR

አርብ
Παρασκευή

SA

SO

እሁድ
Κυριακή

ትላንት
χθες

ዛሬ
σήμερα

ነገ
αύριο

ማለዳ
πρωί

ቀትር
μεσημέρι

ምሽት
βράδυ

MO	TU	WE	TH	FR	SA	SU
1	2	3	4	5	6	7
8	9	10	11	12	13	14
15	16	17	18	19	20	21
22	23	24	25	26	27	28
29	30	31	1	2	3	4

የስራ ቀናት
εργάσιμες ημέρες

MO	TU	WE	TH	FR	SA	SU
1	2	3	4	5	6	7
8	9	10	11	12	13	14
15	16	17	18	19	20	21
22	23	24	25	26	27	28
29	30	31	1	2	3	4

የዕረፍት ቀናት
Σαββατοκύριακο

ዓመት

έτος

ዝናብ
βροχή
ቀስተ ዳመና
ουράνιο τόξο
ጥጥ የሚመስል አመዳይ
በረዶ
χιόνι
άνεμος
ፀደይ
άνοιξη
በጋ
καλοκαίρι
መኸር
φθινόπωρο
ክረምት
χειμώνας

4.APRIL 11°
5.APRIL 4°
6.APRIL 13°
7.APRIL 8°
8.APRIL 10°

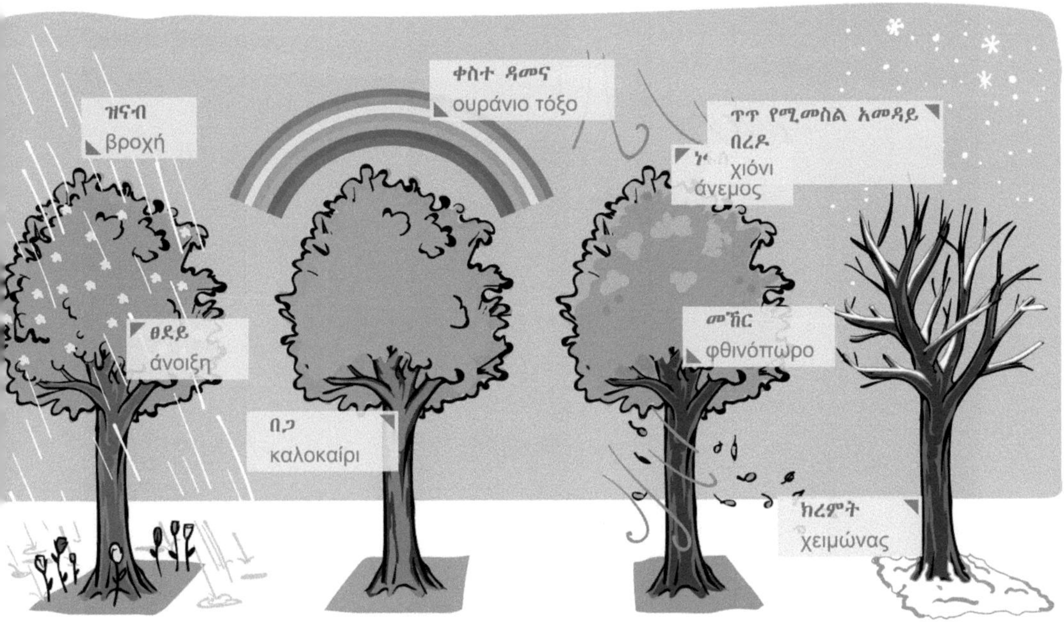

የአየር ሁኔታ ትንበያ

πρόγνωση καιρού

F C
120 40
90 30
60 20
30 10
0 0
-30 -10
-20

የሙቀት መለኪያ

θερμόμετρο

የፀሀይ ሙቀት

λιακάδα

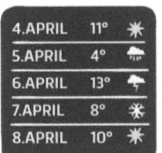

ደመና

σύννεφο

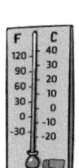

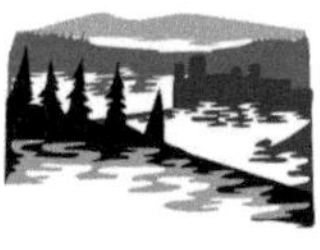

ጭጋግ

ομίχλη

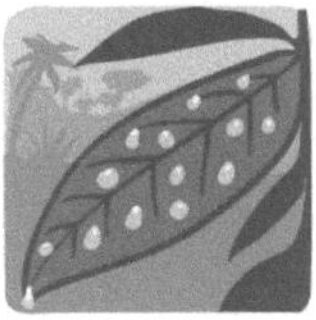

እርጥበታማነት

υγρασία

መብረቅ
....
αστραπή

ነጎድጓድ
....
κεραυνός

አዉሎ ንፋስ
....
καταιγίδα

የበረዶ ዝናብ
....
χαλάζι

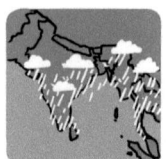

አዉሎ ንፋስ
....
μουσώνας

ጎርፍ
....
πλημμύρα

በረዶ
....
πάγος

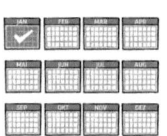

ጥር
....
Ιανουάριος

የካቲት
....
Φεβρουάριος

መጋቢት
....
Μάρτιος

ሚያዚያ
....
Απρίλιος

ግንቦት
....
Μάιος

ሰኔ
....
Ιούνιος

ሐምሌ
....
Ιούλιος

ነሐሴ
....
Αύγουστος

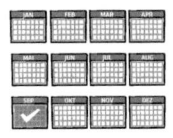

መስከረም

Σεπτέμβριος

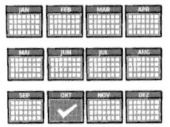

ጥቅምት

Οκτώβριος

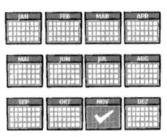

ህዳር

Νοέμβριος

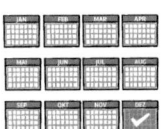

ታህሳስ

Δεκέμβριος

ክብ

κύκλος

አራት ማዕዘን

τετράγωνο

አራት ቀጥተኛ ማዕዘኖች ጎኖች ያሉት ቅርፅ

ορθογώνιο
παραλληλόγραμμο

ሶስት ማዕዘን

τρίγωνο

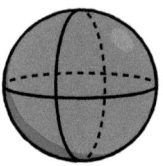

ኑል

σφαίρα

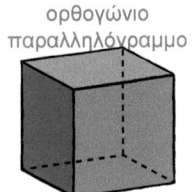

ስድስት ጎን ያለዉ ቅርፅ

κύβος

ነጭ

άσπρο

ቢጫ

κίτρινο

ብርቱካናማ

πορτοκαλί

ሮዝ

ροζ

ቀይ

κόκκινο

ወይን ጠጅ

μωβ

ሰማያዊ

μπλε

አረንጓዴ

πράσινο

ቡኒ

καφέ

ግራጫ

γκρι

ጥቁር

μαύρο

ብዙ/ ጥቂት

πολύ / λίγο

ንዴት/ እርጋታ

θυμωμένος / ήρεμος

ቆንጆ/ አስቀያሚ

όμορφος / άσχημος

ጅማሬ/ ፍጻሜ

αρχή / τέλος

ትልቅ/ ትንሽ

μεγάλος / μικρός

ደማቅ/ ደብዛዛ

φωτεινός / σκοτεινός

ወንድም/ እህት

αδελφός / αδελφή

ንፁህ/ ቆሻሻ

καθαρός / λερωμένος

የተሟላ/ ያልተሟላ

πλήρης / ατελής

ቀን/ ምሽት

ημέρα / νύχτα

የሞተ/ ህያው

νεκρός / ζωντανός

ሰፊ/ ጠባብ

φαρδύς / στενός

የሚበላ/ የማይበላ

βρώσιμος / μη βρώσιμος

ከፉ/ ደግ

κακός / ευγενικός

ደስተኛ/ ድብርተኛ

ενθουσιασμένος /
βαριεστημένος

ወፍራም/ ቀጭን

παχύς / λεπτός

መጀመርያ/ መጨረሻ

πρώτος / τελευταίος

ጓደኛ/ ጠላት

φίλος / εχθρός

ሙሉ/ ጎዶሎ

γεμάτος / άδειος

ጠንካራ/ ለስላሳ

σκληρός / μαλακός

ከባድ/ ቀላል

βαρύς / ελαφρύς

ረሃብ/ ጥማት

πείνα / δίψα

ህመም/ ጤንነት

άρρωστος / υγιής

ህገወጥ/ ህጋዊ

παράνομος / νόμιμος

ጎበዝ/ ደደብ

έξυπνος / χαζός

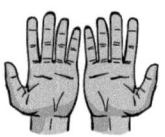

ግራ/ ቀኝ

αριστερός / δεξιός

ቅርብ/ ሩቅ

κοντινός / μακρινός

አዲስ/ አሮጌ
....

καινούριος /
μεταχειρισμένος

ምንም/ የሆነ ነገር
....

τίποτα / κάτι

ሽማግሌ/ ወጣት
....

γέρος | νέος

የበራ/ የጠፋ
....

αναμμένος / σβηστός

ክፍት/ ዝግ
....

ανοιχτός / κλειστός

θጥታ/ ጫጫታ
....

χαμηλόφωνος /
μεγαλόφωνος

ሃብታም/ ደሃ
....

πλούσιος / φτωχός

ትክክለኛ/ የተሳሳተ
....

σωστός / λανθασμένος

ሻካራ/ ለስላሳ
....

τραχύς / λείος

ሐዘን/ ደስታ
....

λυπημένος / χαρούμενος

አጭር/ ረጅም
....

κοντός / μακρύς

ዝግተኛ/ ፈጣን
....

αργός / γρήγορος

እርጥብ/ ደረቅ
....

υγρός / στεγνός

ሞቃት/ ቀዝቃዛ
....

ζεστός / δροσερός

ጦርነት/ ሰላም
....

πόλεμος / ειρήνη

ቁጥሮች

αριθμοί

0

ዜሮ
μηδέν

1

አንድ
ένα

2

ሁለት
δύο

3

ሶስት
τρία

4

አራት
τέσσερα

5

አምስት
πέντε

6

ስድስት
έξι

7

ሰባት
εφτά

8

ስምንት
οκτώ

9

ዘጠኝ
εννιά

10

አስር
δέκα

11

አስራ አንድ
έντεκα

12

አስራ ሁለት
δώδεκα

13

አስራ ሶስት
δεκατρία

14

አስራ አራት
δεκατέσσερα

15

አስራ አምስት
δεκαπέντε

16

አስራ ስድስት
δεκαέξι

17

አስራ ሰባት
δεκαεφτά

18

አስራ ስስምንት
δεκαοκτώ

19

አስራ ዘጠኝ
δεκαεννέα

20

ሃያ
είκοσι

100

መቶ
εκατό

1.000

ሺህ
χίλια

1.000.000

ሚሊዮን
εκατομμύριο

እንግሊዝኛ

Αγγλικά

የአሜሪካ እንግሊዝኛ

Αμερικάνικα Αγγλικά

የቻይና ማንዳሪን

Μανδαρίνικα Κινέζικα

ሂንዱ

Χίντι

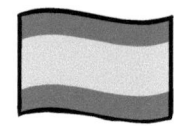

ስፓኒሽ

Ισπανικά

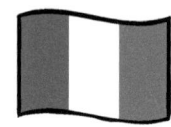

ፍሬንች

Γαλλικά

አረብኛ

Αραβικά

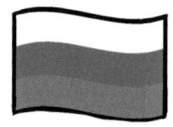

ራሺያኛ

Ρώσικα

ፖርቹጊዝ

Πορτογαλικά

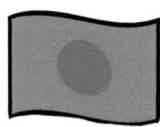

ቤንጋሊ

Μπενγκάλι

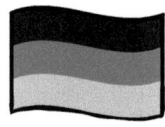

ጀርመን

Γερμανικά

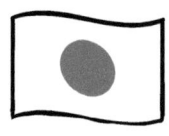

ጃፓንኛ

Ιαπωνικά

እኔ

εγώ

አንተ

εσύ

እሱ/ እርሷ/ እቃዉ

αυτός / αυτή / αυτό

እኛ

εμείς

አንተ

εσείς

እነርሱ

αυτοί / αυτές / αυτά

ማን?

ποιος / ποια / ποιο;

ምን?

τι;

እንዴት?

πώς;

የት?

πού;

መቼ?

πότε;

ስም

όνομα

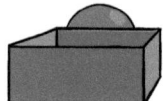

በስተጀርባ

πίσω

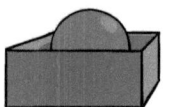

ዉስጥ

μέσα

ከፊት ለፊት

μπροστά

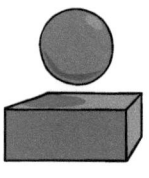

ከላይ

πάνω από

ላይ

πάνω

ከስር

κάτω

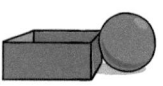

አጠገብ

δίπλα

መሃከል

ανάμεσα

ቦታ

μέρος